帝鑑圖説

〔明〕張居正 編

萬曆元年純忠堂刊本

北京燕山出版社

圖書在版編目（CIP）數據

帝鑑圖説 / （明）張居正編 . -- 北京 : 北京燕山出版社 , 2018.1

ISBN 978-7-5402-5000-3

Ⅰ . ①帝… Ⅱ . ①張… Ⅲ . ①政治思想史－中國－古代 Ⅳ . ① D092.2

中國版本圖書館 CIP 數據核字 (2018) 第 051908 號

帝鑑圖説

作　　者：張居正
責任編輯：劉朝霞 徐冠軍
封面設計：何雲飛
出版發行：北京燕山出版社
社　　址：北京市豐台區東鐵營葦子坑路 138 號
郵　　編：100079
電話傳真：86-10-65240430（總編室）
印　　刷：三河友邦彩色印裝有限公司
開　　本：850mm×1168mm　1/16
字　　數：340 千字
印　　張：42.5
版　　次：2018 年 1 月第 1 版
印　　次：2018 年 1 月第 1 次印刷
書　　號：ISBN 978-7-5402-5000-3
定　　價：900.00 元

出版説明

現代漢語用『圖書』表示文獻的總稱，這一稱謂可以追溯到古史傳説時代的河圖、洛書。在從古到今的文化史中，圖像始終承擔著重要的文化功能。傳説時代的大禹『鑄鼎象物』，將物怪的形象鑄到鼎上，使『民知神奸』。在《周易》中也有『製器尚象』之説。一般而論，文化生活皆有其對應的物質層面的表現。在中國古代文獻研究活動中，學者也多注意器物、圖像的研究，如《詩》中的草木、鳥獸，《山海經》中的神靈物怪，禮儀中的禮器、行禮方位等，學者多畫爲圖像，與文字互相發明，成爲經學研究中的『圖説』類著述。又宋元以後，庶民文化興起，出版業高度發達，版刻印刷益發普及，在普通文獻中也逐漸出現了圖像資料，其中廣泛地涉及植物、動物、日常的物質生産程序與工具、平民教化等多個方面，其中流傳至今者，是我們瞭解古代文化的重要憑藉，通過這些圖文並茂的文本，讀者可以獲得對古代文化生動而直觀的感知。爲了方便讀者利用，我們將古代文獻中有關圖像、版畫、彩色套印本等文獻輯爲叢刊正式出版。

本編選目兼顧文獻學、古代美術、考古、社會史等多種興趣，範圍廣泛，版本選擇也兼顧古代東亞地區漢文化圈的範圍。圖像在古代社會生活中的一大作用涉及平民教化，即古人所謂的『圖像古昔，以當箴規』（語出何宴《景福殿賦》），明清以來，民間勸善之書，如《陰騭文》《閨範》等，皆有圖解，其中所宣揚的古代道德意識中的部分條目固然爲我們所不取，甚至是應該批判的對象，但其中多有精美的版畫，除了作爲古代美術史文獻以外，由此也可考見古代一般平民的倫理意識，實爲社會史研究的重要材料。

本編擬目涉及多種類型的文獻，兹輯爲叢刊，然亦以單種別行爲主，只有部分社會史性質的文本，因爲篇卷無多，若獨立成册則面臨裝幀等方面的困難，則取同類文本合爲一册。文獻卷首都新編了目録以便檢索，但爲了避免與書中内容大量重複，無謂地增加篇幅，有部分新編目録視原書目録爲簡略，原書目録中有部分條目與實際對應的正文略有出入，新編目録略微作了更訂。又有部分文本性質特殊，原書中本無卷次目録之類，則約舉其要，新擬條目，其擬議未必全然恰當。所有文獻皆影印，版式色澤，一存古韻。

目録

江陵張太嶽著

帝鑑圖說

純忠堂藏

帝鑑圖説敘

帝鑑圖説者今元輔少師張公輯以進
御者也
上初登大寶
召見公
平臺隆倚眷公亦矢精白佐
上訪落理垂衣也

上睿哲挺上智資公首陳勸學所簡進侍
從儒臣分日直講公偕少保呂公左右
侍數承
清問效啓沃
上益嚮意於學公令講臣采摭前代君人
治蹟遡唐虞以迄漢唐宋理亂興衰得
失可為勸戒者條其事百餘各因事繪

圖系之說以備
乙覽存考鏡焉題曰
帝鑑公草䟽率諸講臣進之
黼座
上為起受頃閒徹
睿覽指其中一一顧問公公對如指一時
廷臣謂

上明聖不世出也夫所貴乎君人務學者
學為君也君者撫乆有而治治本乎道
繇其道而治與不繇其道而否者歷徵
前代徃蹟昭然皦惡舉而不爽考睹矣
故曰前王之遺軌後王之永鑒世主未
有不師古而善治者乃或有謬悠其塗
轍罔軌於聖哲而狂愚是蹈焉由鑒與

罔鑒聞耳鑒於言而弗迪厥行與持其始而鮮克終猶罔鑒也唐虞而後論治者則商周首稱然殷鑒有夏周鑒有殷其道同也下是者無論兩漢即唐宋之君非無中材間亦有繪前代之迹者有圖無逸於屏者迺其君臣取具于緣飾而鮮交修之實竟其治不能睎隆古於

百一

上聰明首出既冲年纂

歷服孳孳法古圖治任用賢哲方開泰治

以永熙圖將唐虞復出即商周不啻也

千百世而下仰稽帝範者知

明有

哲后乃亦有交修一德之臣則是圖有忝

視爲典訓著垂無疆者哉公以公忠受
簡知
上嘗親灑宸翰錫公良臣夫有明后者斯
臣良今其時千載一遇也聲不佞被遇
三朝病違朝列者二十餘年頃奉
詔備禮官思夙夜奉職未遑也屬公所進
圖說

上嘉納勑下禮官宣付史館公復梓其副
以揚
休美屬以校梓者則文學喬子承華謂聲
禮官也宜敘端簡
萬厤癸酉仲春吉日禮部尚書兼翰林
院學士華亭陸樹聲譔

聖

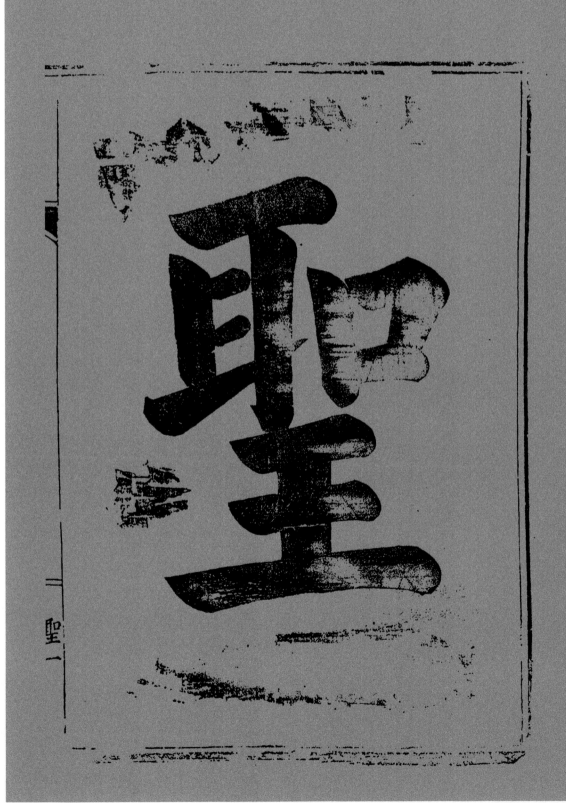

哲

◎

芳
聖二

規

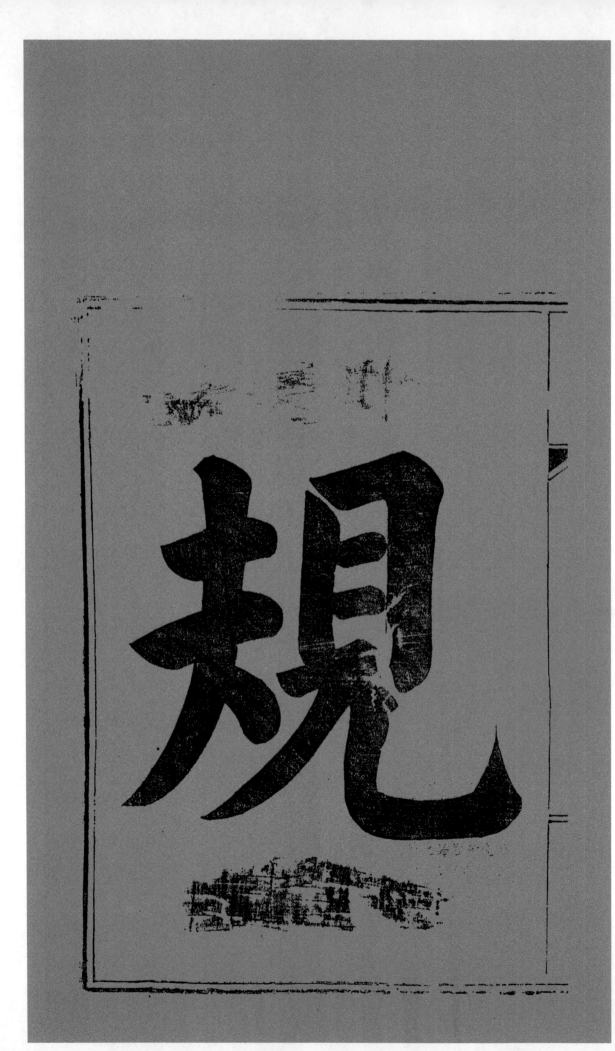

目錄

德滅祥桑　商中宗

夢賚良弼　商高宗

澤及枯骨　周文王

丹書受戒　周武王

感諫勤政　周宣王

入關約法　漢高帝

任用三傑　漢高帝

過魯祀聖　漢高帝

却千里馬　漢文帝

二

詔儒講經　漢宣帝
葺檻旌直　漢成帝
賓禮故人　漢光武
拒關賜布　漢光武
夜分講經　漢光武
賞强項令　漢光武
臨雍拜老　漢明帝
愛惜郎官　漢明帝
君臣魚水　漢昭烈帝

縱囚歸獄　唐太宗

望陵毀觀　唐太宗

撤殿營居　唐太宗

面斥佞臣　唐太宗

剪鬚和藥　唐太宗

遇物教儲　唐太宗

遣歸方士　唐高宗

焚錦銷金　唐玄宗

委任賢相　唐玄宗

論字知諫　唐穆宗
屏書政要　唐宣宗
焚香讀疏　唐宣宗
敬受母教　宋太祖
解裘賜將　宋太祖
碎七寶器　宋太祖
受言書屏　宋太祖
戒主衣翠　宋太祖
竟日觀書　宋太宗

燭送詞臣　宋哲宗

進圖疏

少師兼太子太師吏部尚書建極殿大學士

臣張居正等謹

題爲恭進

帝鑑圖說。以仰裨
聖治事。臣等聞商之賢臣伊尹告其君曰。德惟治。否惟亂。與治同道罔不興。與亂同事罔不亡。唐太宗曰。以銅爲鑑。可正衣冠。以古爲鑑。可見興替。臣等嘗因是考前史所載治亂興亡之迹。如出一轍。大抵皆以敬天。法祖。聽言納諫。節用。愛人。親賢臣。遠小人。憂勤惕厲。即治。不畏天地。不法祖宗。拒諫遂非。侈用虐民。親小人。遠賢臣。盤樂怠傲。即亂。出于治。則雖不階尺土一民之力。而其興也勃焉。出于亂。則雖藉祖宗累世之資。當國家熙隆之運。而其亡也忽焉。譬之佩蘭者之必馨。飲酖者之必殺。以是知人主欲長治而無亂。其道無他。但取古人已然之迹。而反己内觀。則得失之幾

昭然可睹矣。仰惟
皇上。天縱英資。
光膺鴻寶。
孜孜誦習。懋敦宗典學之勤。
事事講求。邁周成訪落之軌。海内臣民。莫不翹首
跂足想望太平。臣等備員輔導。學術空疎。夙
夜兢兢。思所以佐下風。効啓沃者。其道無繇。
竊以人求多聞。事必師古。顧史家者流。上慮
千百。雖儒生皓首。尚不能窮。豈人主一日萬

幾所能遍覽。乃屬講官臣馬自強等。略倣伊尹之言。考究歷代之事。除唐虞以上。皇風玄邈。紀載未詳者。不敢采錄。謹自堯舜以來。有天下之君。撮其善可為法者。八十一事。惡可為戒者。三十六事。善為陽。為吉。故用九九。從陽數也。惡為陰。為凶。故用六六。從陰數也。每一事。前各繪為一圖。後錄傳記本文。而為之直解。附於其後。分為二冊。以辨淑慝。仍取唐太宗以古為鑑之意。僭名曰

帝鑑圖說上呈

睿覽昔班伯指画屏以諫意專戒懲張九齡千秋金鑑一書詞涉隱諷今臣等所輯則媺惡並陳勸懲斯顯譬之薰蕕異器而臭味頓殊水鏡澄空而妍媸自別且欲觸目生感故假象於丹青但取明白易知故不嫌於俚俗雖條目僅止百餘而上下數千載理亂之原庶幾畧備矣伏望

皇上俯鑒愚忠

特垂省覽。視其善者。取以為師。從之如不及。視其惡者。用以為戒。畏之如探湯。每興一念。行一事。即稽古以驗今。因人而自考。高山可仰。毋忘終簣之功。覆轍在前。永作後車之戒。則自然念念皆純。事事合理。德可媲於堯舜。治將埒於唐虞。而千萬世之下。又必有願治之主。效忠之臣。取

皇上今日致治之迹。而繪之丹青。守為模範者矣。

臣等無任惓惓懇切之至。謹以所輯圖說。裝

潢成冊。隨本上

進以

聞。伏候

勅旨

隆慶六年十二月六日少師兼太子太師吏部尚書建極殿大學士臣張居正

太子少保禮部尚書兼武英殿大學士臣呂調陽

本日奉

聖旨覽卿等奏具見忠愛懇至朕方法古圖治深

用嘉納圖冊留覽還宣付史館以昭我君臣交

修之義禮部知道

任賢圖治
帝堯
四岳
大舜

羲仲
羲叔
和仲
和叔

唐史。紀堯命羲和。敬授人時。羲仲居嵎夷。理東作羲叔居南交。理南訛。和仲居昧谷。理西成。和叔居朔方。理朔易。又訪四岳。舉舜登庸

（解）唐史上。記帝堯在位。任用賢臣。與圖治理。那時賢臣有羲氏兄弟二人。和氏兄弟二人。帝堯着他四箇人敬授人時。使羲仲居於東方嵎夷之地。管理春時耕作的事。使羲叔居於南方交趾之地。管理夏時變化的事。使和仲居於西方昧谷之地。管理秋時收成的事。使和叔居於北

方幽都之地。管理冬時更易的事。又訪問四岳之官。着他薦舉天下賢人可用者。於是四岳舉帝舜為相。那時天下賢才。都聚於朝廷之上。百官各舉其職。帝堯垂拱無為。而天下自治。蓋天下可以一人主之。不可以一人治之。雖以帝堯之聖。後世莫及。然亦必待賢臣而後能成功。書曰。股肱惟人。良臣惟聖。言股肱具而後成人。良臣衆而後成聖。意亦謂此。其後帝舜為天子也。跟着帝堯行事。任用九官十二牧。天下太平。乃與群臣作歌以紀其盛。曰。元首明哉股肱良哉庶事康哉。所以古今稱堯舜垂衣裳而天下治。

斯任賢圖治之效也

諫鼓謗木
帝堯

唐史。紀堯置敢諫之鼓。使天下得盡其言。立誹謗之木。使天下得攻其過

（解）唐史上。記帝堯在位。虛己受言。常恐政事有差謬。不敢當面直言。特設一面鼓在門外。但有直言敢諫者。着他就擊鼓求見。欲天下之人。皆得以盡其言也。又恐自已有過失。人在背後譏議。已不得聞。特立一片木在門外。使人將過失書寫在木上。欲天下之人。皆得以攻其過也。夫聖如帝堯。所行皆盡善盡美。宜無可諫可謗

者而猶惓惓以求言聞過爲務故下情無所壅而君德日以光然欲法堯爲治亦不必置鼓立木徒倣其迹但能容受直言不加譴責言之當理者時加奬賞以勸勵之則善言日聞而太平可致矣

孝德升聞
象

◎

六

虞史。紀舜父瞽叟。娶後妻。生象。父頑。母嚚。象傲。常欲殺舜。舜避逃。克諧以孝。瞽叟亦允若。帝求賢德可以遜位。群臣舉舜。帝亦聞之。於是以二女妻舜。舜以德率二女。皆執婦道

（解）虞史上。記大舜的父。是箇瞽目人。他前妻生的兒子就是大舜。舜母故了。瞽叟又娶一箇後妻。生的兒子叫做象。那瞽叟愚頑不知道理。後妻嚚惡不賢。象又凶狼無狀。他三箇人時常商量着要殺舜。舜知道了。設法躲避。然後得免。然

終不敢怨其父母。只盡自家的孝道。久之感化得一家人都和睦。瞽叟見他這等孝順。也相信歡喜了。所以人都稱他為孝子。當時帝堯要求賢德的人。可遜以帝位者。群臣都薦舉他。比先帝堯已知大舜善處父母兄弟。是箇聖人。但不知他處夫婦之間何如。於是召舜去。把兩箇女兒都嫁與他為妻。舜又能以德化率這二女。在他父母前都盡做媳婦的道理。堯因此遂禪以帝位。自古聖賢。皆以孝行為本。然父母慈愛而子孝順、尚不爲難。獨舜父母不慈。而終能感化。
所以當時以爲難能。而萬世稱爲大孝也

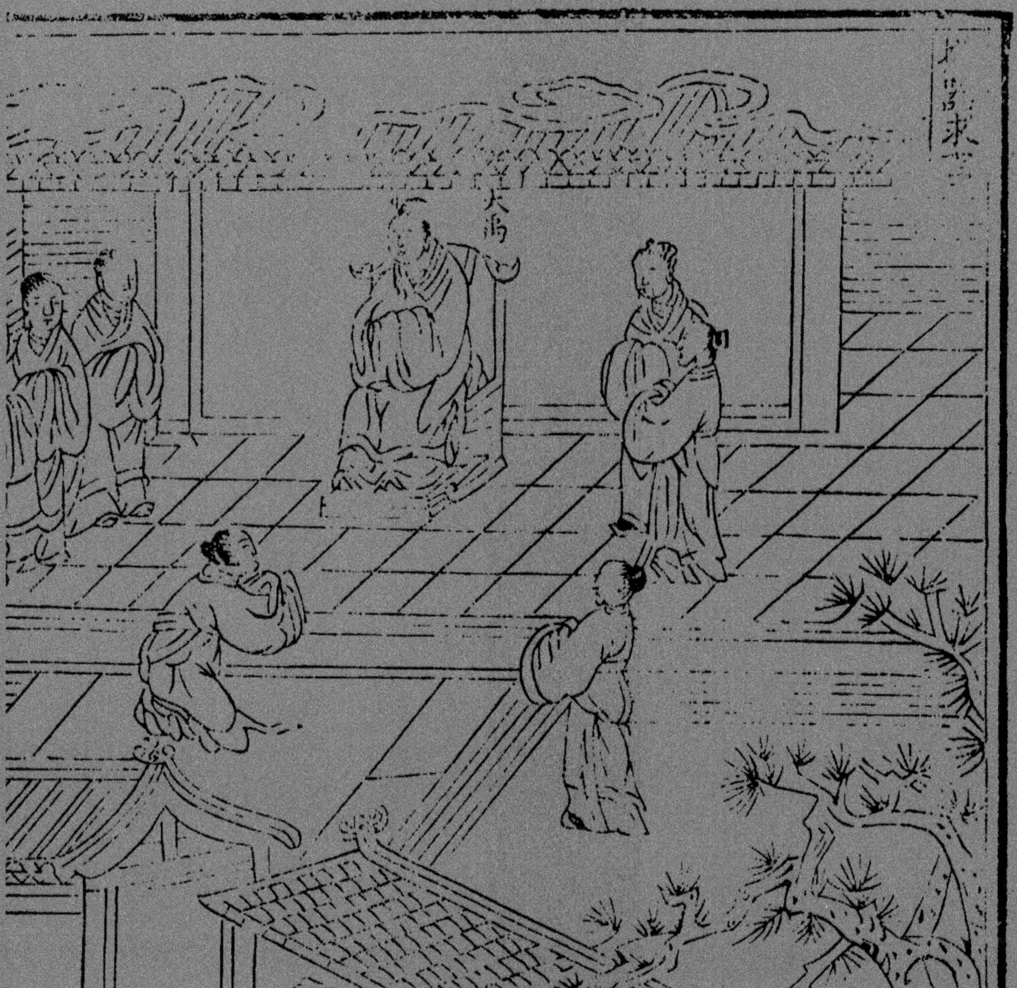
大禹

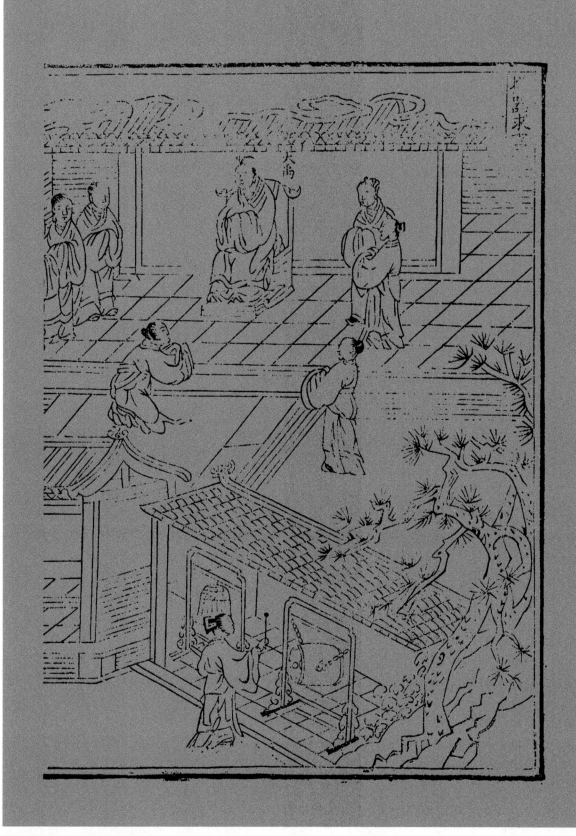

九

夏史紀大禹懸鐘鼓磬鐸鞀以待四方之士曰教寡人以道者擊鼓諭以義者擊鐘告以事者振鐸語以憂者擊磬有獄訟者搖鞀

（解）夏史上記大禹既居帝位恐自家於道有未明義有未熟或事務有不停當處或有可憂而不知或獄訟之未斷四方遠近的人無由得盡其言於是将鐘鼓磬鐸鞀五樣樂器掛在外面告諭臣民說道有來告寡人以道者則擊鼓諭以義者則撞鐘告以事者則振鐸語以憂者則

敲磬。有獄訟者。則搖鞀。禹在裏面。聽見有那一件聲響。便知是那一項人到。就令他進見盡言。夫禹是大聖。聰明固已過人。而又能如此訪問。則天下事務。豈有一件不知。四方民情。豈有一毫壅蔽。此禹之智所以為大。而有夏之業。所由以興也

十二

夏史。紀大禹巡狩。見罪人。下車問而泣之。左右曰。罪人不順道。君王何為痛之。王曰。堯舜之人。皆以堯舜之心為心。我為君。百姓各以其心為心。是以痛之

（解）夏史上。記大禹巡行諸侯之國。路上遇見一起犯罪的人。心中不忍。便下車来問其犯罪之由。因而傷痛垂泣。左右的人問說。這犯罪之人。所為不順道理。正當加以刑罰。君王何故痛惜他。禹說。我想堯舜為君之時。能以德化人。天下

的人都體着堯舜的心為心。守禮安分。自不犯刑法。今我為君。不能以德化人。這百姓每各以其心為心。不順道理。所以犯罪。是犯罪者雖是百姓。其實由我之不德。有以致之。故我所以傷痛者。不是痛那犯罪之人。蓋痛我德衰於堯舜也。夫禹不以罪人為可惡。而以不德自傷如此。則所以增修其德。而期於無刑者。無所不至矣。

戒酒防微
大禹

十三
儀狄

夏史紀禹時儀狄作酒。禹飲而甘之。遂疏儀狄絕旨酒曰。後世必有以酒亡國者

（解）夏史上。記大禹之時。有一人叫做儀狄善造酒。他將酒進上大禹。禹飲其酒。甚是甘美。遂說道。後世之人。必有放縱於酒。以致亡國者。於是疏遠儀狄。再不許他進見。屏去旨酒。絕不以之進御。夫酒以供祭祀。燕饗禮所不廢。但縱飲過度。則內生疾病。外廢政務。亂亡之禍。勢所必至。故聖人謹始慮微、預以為戒。豈知末世孫桀。乃

至以酒池牛飲爲樂。卒底滅亡。嗚呼。祖宗之訓。
可不守哉

解網施仁

十五
成湯

商史。紀湯出。見網於野者。張其四面而祝之曰。自天下四方。皆入吾網。湯曰。嘻。盡之矣。解其三面。而更其祝曰。欲左。左。欲右。右。欲高。高。欲下。下。不用命者。乃入吾網。漢南諸侯聞之曰。湯德至矣。及禽獸一時歸商者。三十六國

解 商史上。記成湯為君寬仁。嘗出至野。見有人四面張着羅網打鳥雀。口裡禱祝說。從天上墜下的。從東西南北四方飛來的。都要落在我網裡。湯聞之不忍嘆息說。這等。是那鳥雀一箇也

逃不出去了。何傷害物命不仁如此。於是使從人將那網解去三面。止存一面。又從新替他禱祝說道。鳥之欲左者左。欲右者右。欲高者高。欲下者下。任從你飛翔。只是捨命要死的。乃落吾網中。夫湯之不忍於害物如此。其不忍於害民可知。所以當時漢江之南。列國諸侯。聞湯這一事。都稱說湯之仁德。可謂至矣。雖禽獸之微。亦且及之。而況於人乎。於是三十六國。一時歸商。蓋即其愛物。而知其能仁民。故歸之者衆也

桑林禱雨

七
成湯

商史。紀成湯時歲久大旱。太史占之曰。當以人禱。湯曰。吾所為請雨者人也。若必以人。吾請自當。遂齋戒剪髮斷爪。素車白馬。身嬰白茅。以為犧牲。禱于桑林之野。以六事自責曰。政不節與。民失職與。宮室崇與。女謁盛與。包苴行與。讒夫昌與。言未已。大雨方數千里

解 商史上。記成湯之時歲久不雨。天下大旱。靈臺官太史占候說。這旱災須是殺箇人祈禱。乃得雨。成湯說。我所以求雨者。正是要救濟生人。

又豈忍殺人以為禱乎。若必用人禱。寧可我自當之。遂齋戒身心。剪斷爪髮。素車白馬。減損服御。身上披着白茅草。就如祭祀的犧牲模樣。乃出禱於桑林之野。以六件事自責說道。變不虛生。必有感召。今天降災異以儆戒我。或者是我政令之出。不能中節歟。或使民無道。失其職業歟。或所居的宮室過於崇高歟。或宮闈的婦女過於繁盛歟。或包苴之賄賂。得行其營求歟。或造言生事的讒人。昌熾而害政歟。有一於此則寧可降災於我之一身不可使百姓每受厄湯當時為此言一念至誠感動上天說猶未了大雨即降方數千里之廣蓋人有善念天必從之況人君為天之子一言一動上帝降臨轉災為祥乃理之必然也

德滅祥桑
商中宗

二十
太學
商中宗

商史紀。大戊時有祥桑與穀合生於朝。一暮大拱。大戊懼。伊陟曰。妖不勝德。君之政。其有闕與。大戊於是修先王之政。明養老之禮。早朝晏退。問疾弔喪。三日而祥桑枯死。三年遠方重譯而至者七十六國。商道復興

解 商史上。記中宗大戊之時。有妖祥之桑樹與穀樹。二物合生於朝中。一夜之間。就長得大如合抱。中宗見其怪異。心中恐懼。以問其相臣伊陟。伊陟說道。這桑穀本在野之物。不宜生於朝

今合生於朝。一夜即大如拱。誠為妖異。然妖不勝德。今朝中生這妖物。君之政或有闕失與。君但當修德以勝之則妖自息矣。中宗於是聽伊陟之言。修祖宗的政事。明養老的禮節。早朝勤政。日晏纔退。百姓每有疾苦問之。有喪者弔之。大戊有這等德政。果然妖物不能勝。三日之間。那桑與穀。自然枯死。三年之後。遠方外國的人。慕其德義。經過幾重通事譯語來朝他的。有七十六國。商道前此中衰。至此而復興焉。夫妖

不自作。必有所名。然德本當修。亦豈待妖。觀大戊之祥桑自枯。蓋信妖不足以勝德。而為人君者。不可一日不修德也

高尚宗
傅沆

二十三
日
傅說

商史。紀高宗恭默思道。夢帝賚良弼。乃以形旁求於天下。說築傅巖之野。惟肖。爰立作相。命之曰。朝夕納誨。以輔台德。啓乃心。沃朕心。說總百官。佐成商家中興之業

【解】商史上。記商高宗初即帝位。在諒陰之時。恭默不言。想那治天下的道理。於是至誠感動天地。一日夢見上帝。賜他一箇忠臣輔佐他。醒來就把夢中所見的人。使人畫影圖形。徧地裡去訪求。至於傅巖之野。見一箇人叫做傅說。在那

裡築墻。却與畫上的人一般模樣。召来與他講論治道。果然是箇賢人。於是就用他做宰相。命他說。你朝夕在我左右。進納善言。以輔我之德。當開露你的心。不可隱諱。灌溉我的心。使有生發。傅說既承高宗之命。統領百官。勸高宗從諫好學。法祖。憲天。高宗能用其言。遂為商家中興之主。詳見商書說命三篇

澤及枯骨
周文王

二十五

周史紀文王嘗行於野。見枯骨。命吏瘞之。吏曰。此無主矣。王曰。有天下者天下之主。有一國者一國之主。吾固其主矣。瘞之。天下聞之曰。西伯之澤。及於枯骨。况於人乎

【解】周史上。記文王初為西伯時。一日出行於郊野之外。見死人的枯骨。暴露於野。因分付吏人以土瘞埋之。吏人對說。這枯骨都是年久死絕的人。已無主了。文王說道。天子有天下。就是天下的主。諸侯有一國。就是一國的主。今此枯骨。

我就是他的主了。何忍視其暴露。而不為掩藏之乎。乃瘞而掩之。時天下之人。聞文王行這等陰德。都說道西伯的恩澤。雖無知之枯骨。亦且霑及。況有生之人乎。夫文王發政施仁。不惟澤被於生民。而且周及於枯骨。所謂為人君。止於仁者。此類是也。豈非有天下者之所當取法哉

丹書受戒
周武王
師尚父

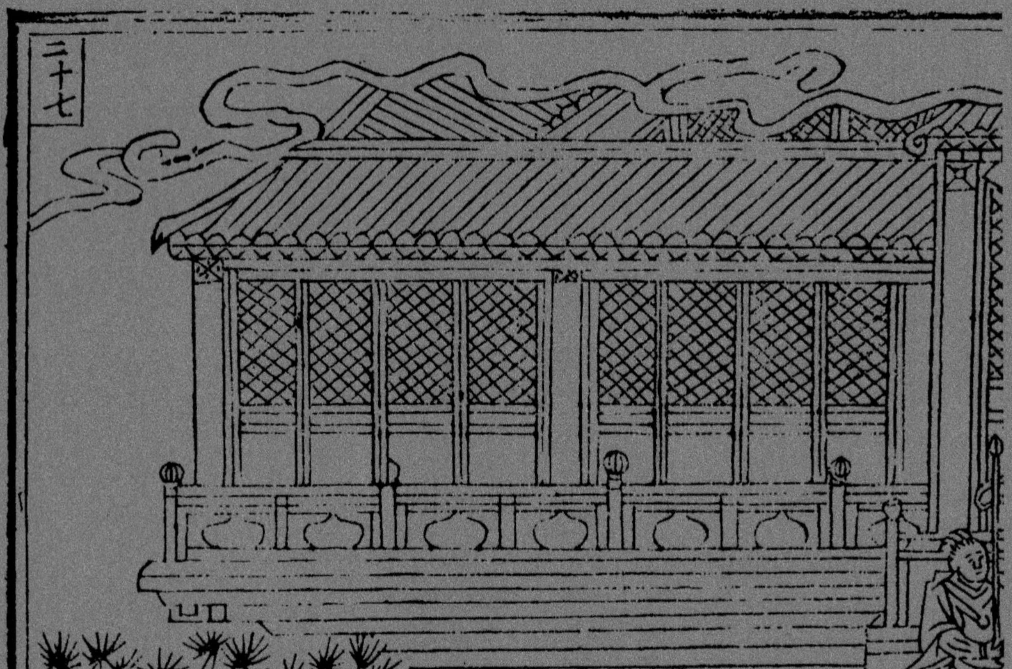
二十七

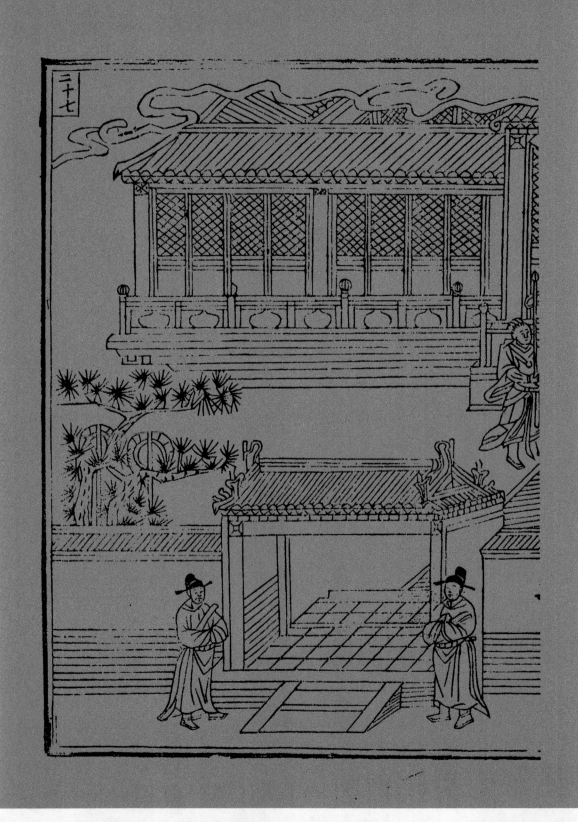

周史。紀武王召師尚父而問曰。惡有藏之約。行之行。萬世可以為子孫常者乎。師尚父曰。在丹書。王欲聞之。則齋矣。三日。王端冕。下堂南面而立。師尚父曰。先王之道不北面。王遂東面立。師尚父西面道書之言曰。敬勝怠者昌。怠勝敬者。亡。義勝欲者。從。欲勝義者凶。藏之約。行之利。可以為子孫常者此言之謂也。王聞之而書于席。几。鑑。盥盤。楹。杖。帶。履。觴。豆。户。牖。劍。弓。矛。皆為銘焉

（解）周史上。記武王即位之初。尚老臣師尚父闕

説。凡前人創造基業。將使後人世世守之也。而能世守者甚少。不知有甚麼道理。藏之簡編行之順利。而可以為萬世子孫常守者乎。師尚父對説。有一卷書。叫做丹書。這箇道理皆在其中。王欲聞之。必須重其事。齋戒而後可。武王於是齋戒了三日。端正冠冕。不敢上坐。下堂南面而立。致敬盡禮。求受丹書。師尚父説。南面。是君位北面。是臣位。王南面而立。則丹書當北面而授先王之道至大。豈可北面而授受乎。王遂東面而立。不敢居君位。師尚父西面而立。亦不居賓位。乃述丹書中的言語説道。凡為君者。敬畏勝怠忽。國必興昌。怠忽勝敬畏。國必滅亡。公義勝私欲。事必順從。私欲勝公義。事必逆凶。這箇道理。只要在敬公二字上做工夫。蔵之何等簡約。行之何等順利。可以為子孫萬世常守者。不外乎此矣。武王敬而信之。遂融化這四句的意思。於凡那席上。几上。鏡子上。洗面盆上。殿柱上。杖上。帶上。履上。觴豆上。門窗上。劍上。弓上。矛鎗上。一一作為銘詞。不但自家隨處接目警心。要使子孫看見也。都世守而不忘焉。夫武王是箇聖君。能屈尊從老臣受戒。作為銘詞。傳之後世。周家歷年八百。享國最為長久。非以其能守此道也哉

感諫勤政
周宣王

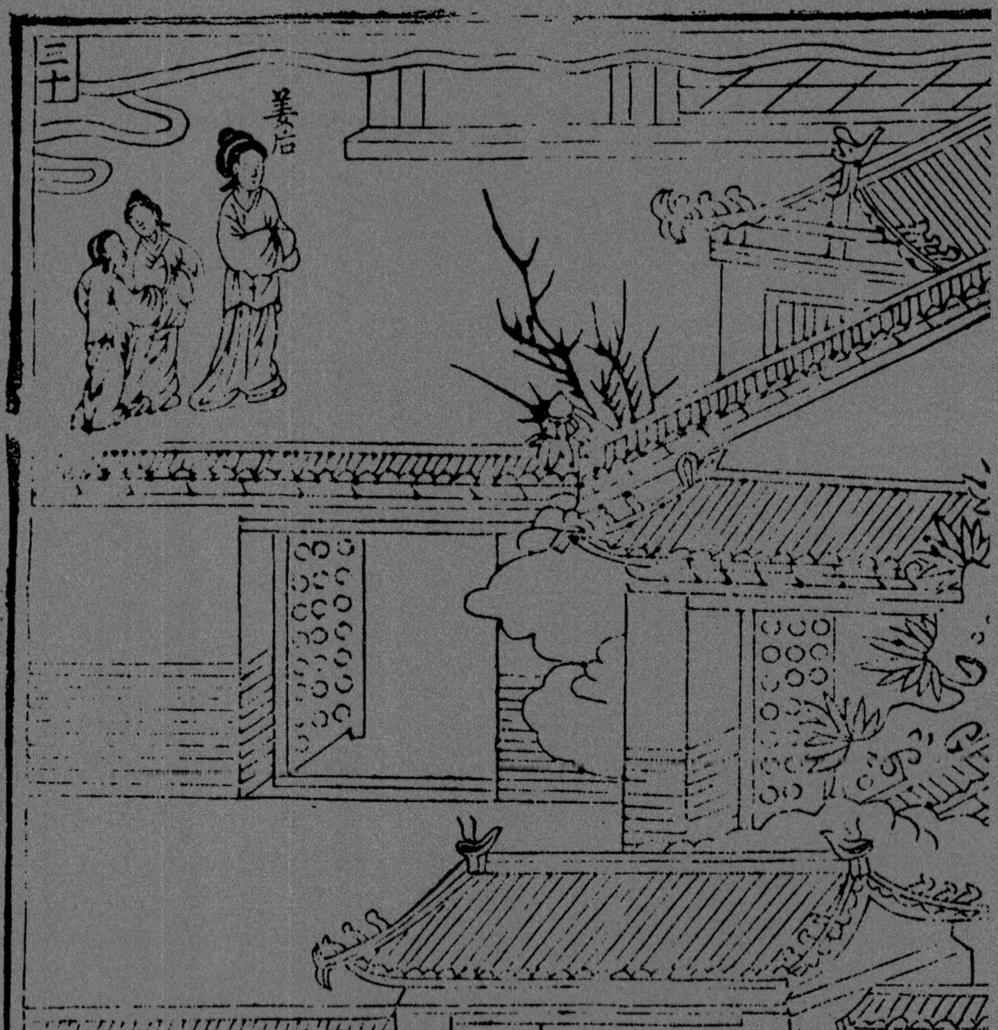
三十
姜后

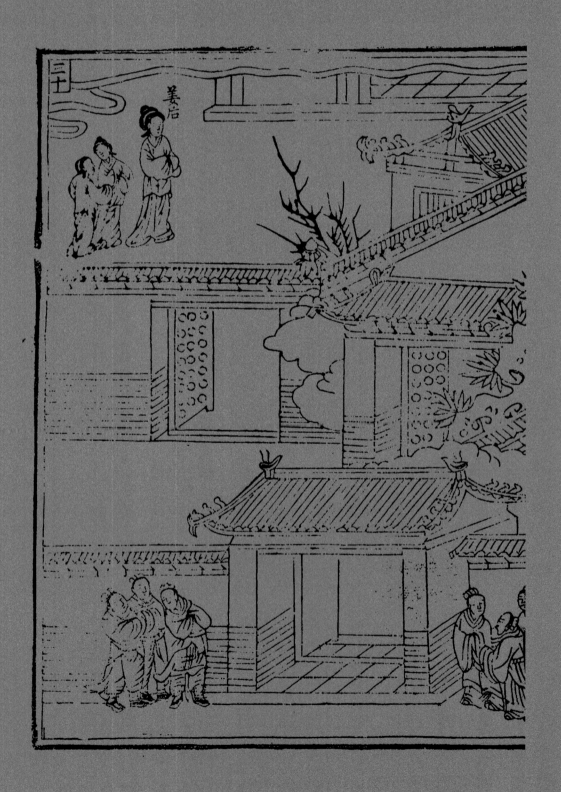

周史。紀姜后賢而有德。王嘗早臥而晏起。后乃脫簪珥。待罪於永巷。使其傅母通言於王曰。妾不才。至使君王失禮而晏朝。敢請罪。王曰。寡人不德。實自生過。非夫人之罪也。遂勤於政事。早朝。晏退。繼文武之迹。成中興之業。為周世宗

解 周史上。記周宣王的后姜氏賢而有德。宣王嘗有時睡得太早。起得太遲。姜后恐他誤了政事。要勸諫他。乃先自貶損。脫去頭上的簪珥。待罪於宮中長街上。使其保母傅言於王。說道。我

無德。不能以禮事王。致使王躭於女色。溺於安逸。失早朝之禮。這是我的罪過。請王加我以罪。王因此感悟。說。這是我自家怠惰。有此過失。非夫人之罪也。古時稱后妃都叫做夫人自此以後。宣王遂勤於政事。每日早起視朝。與群臣講求治道。至晏方退。其致治之迹。足以上繼他祖文王武王。雖其父厲王時。勢漸衰弱。至此復能中興。因宣王有這等功業。所以周家的廟號。稱他為世宗。古者后妃夫人進御侍寢。皆有節度。每至昧旦。女史奏雞鳴之詩。則夫人鳴佩玉於房中。起而告退。以禮自防。不淫於色。故能內銷逸欲。以成其君勤政之美。雞鳴之詩云。蟲飛薨薨。甘與子同夢。會且歸矣。無庶予子憎。言日將旦而百蟲飛作。我豈不樂與子同寢而夢哉。但群臣候朝已久。君若不出。彼將散而歸矣。豈不以我之故而使人并憎惡於子乎。姜后之進諫。古禮也。宣王中興周業。蓋得之內助為多

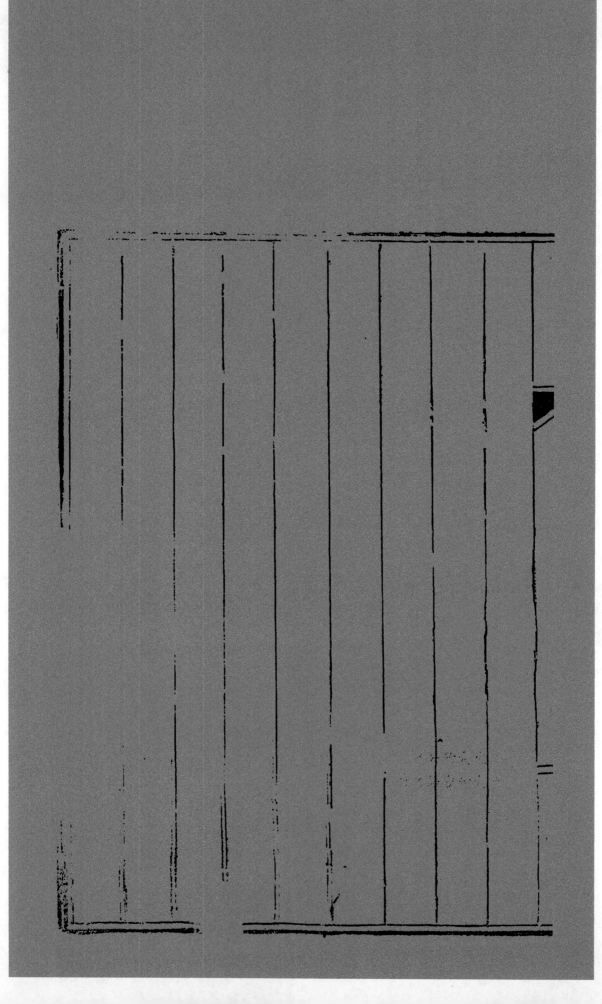

入關約法
漢高帝

三十三

漢史。紀高祖初為沛公入關。召諸縣父老豪傑謂曰。父老苦秦苛法久矣。誹謗者族。偶語者棄市。吾當。王關中。與父老約。法三章耳。殺人者死。傷人及盜。抵罪。餘悉除去秦苛法。又使人與秦吏行縣鄉邑告諭之。秦民大喜。爭持牛羊酒食獻享軍士。惟恐沛公不為秦王

（解）西漢史上。記高帝初起兵伐秦。那時猶號為沛公。既破了嶢關。到咸陽地方。因呼喚各縣裡年高的父老。與那有本事的豪傑。都到面前。慰

勞之說道。秦君無道。法令煩苛。你百姓每被害久矣。但凡言時政的。他就說人誹謗。加以滅族之罪。兩人做一處說話的。他就說人有所謀為。加以棄市之刑。其暴虐如此。衆諸侯有約。先入關破秦者。王之。我今先入關。當王關中。與你百姓每做主。今日就與父老相約。我的法度。只有三條。惟是殺了人的。纔着他償命。若打傷人。及為偷盜的。止各坐以應得的罪名。不加以死。此外一切苛法。都革去不用。又恐遠處不能盡知使人同着秦吏。遍行到各縣鄉邑中。將這意思都一一曉諭。那時百姓每被秦家害得苦了。一旦聞這言語。如拔之於水火之中。莫不歡喜踴躍。爭持牛羊酒食。犒享沛公的軍士。只恐怕沛公不做秦王。此可見撫之則后。漢之所以興也。虐之則讐。秦之所以亡也。有天下者。當以寬仁爲貴矣

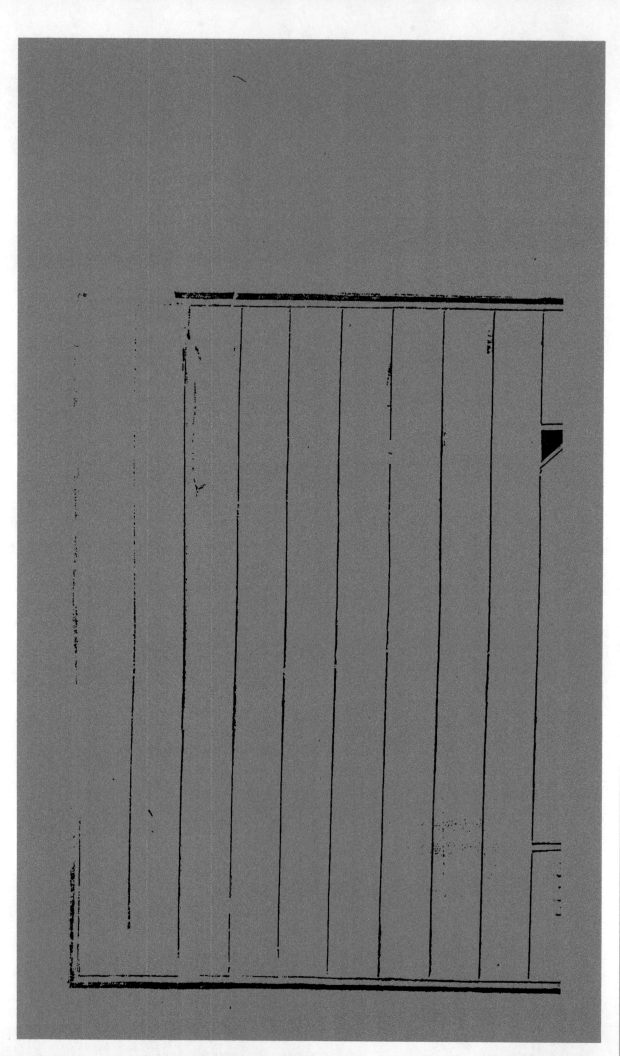

任用三傑
漢高帝
張良
蕭何
韓信

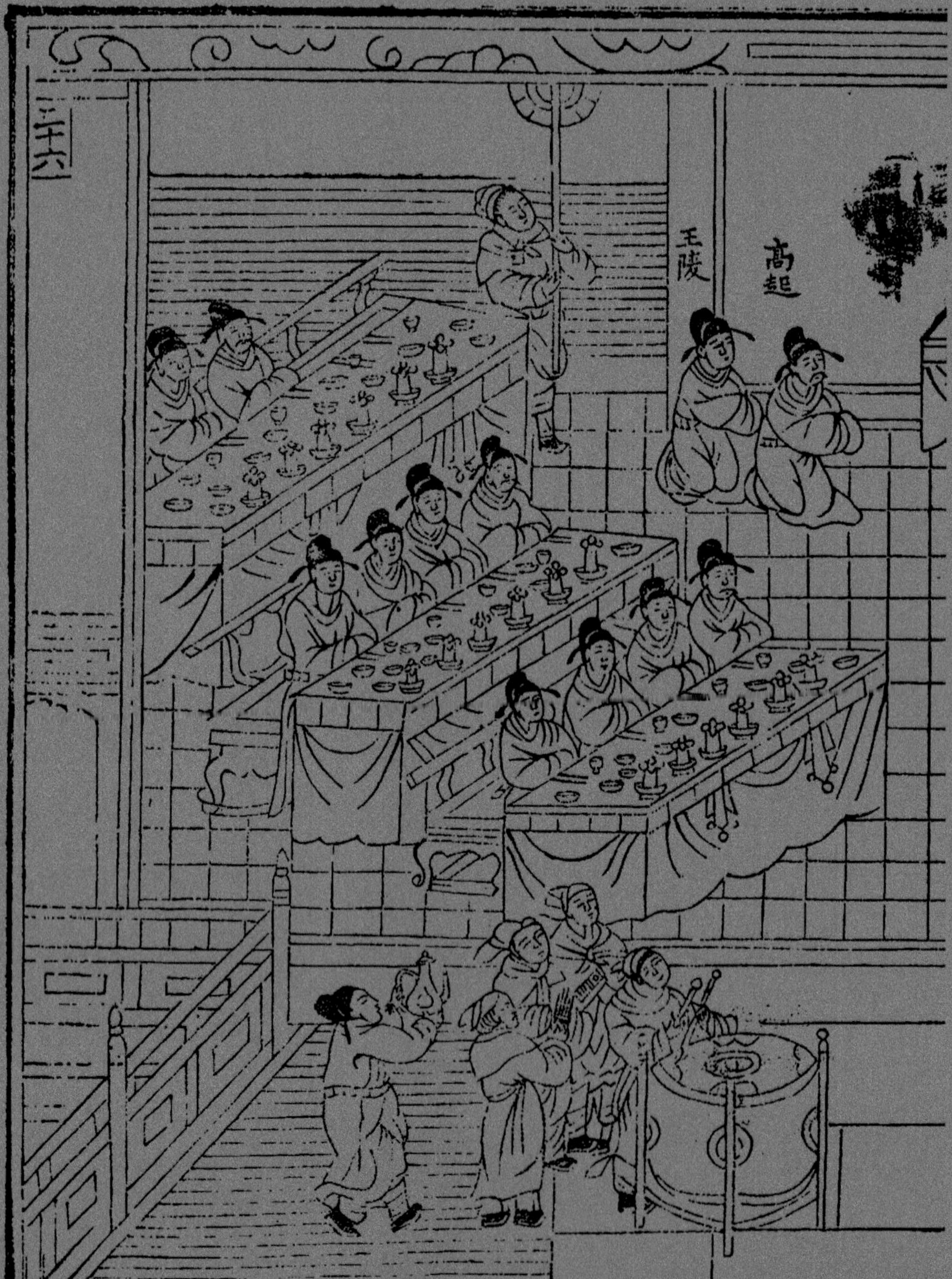
二十六
王陵
高起

漢史。紀高帝置酒洛陽南宮。曰。通侯諸將。試言吾所以有天下者何。項氏之所以失天下者何。高起王陵對曰。陛下使人攻城略地。因以與之。與天下同其利。項羽妬賢嫉能。戰勝而不與人功。得地而不與人利。此其所以失天下也。上曰。公知其一。未知其二。夫運籌帷幄之中。決勝千里之外。吾不如子房。鎮國家。撫百姓。給餽餉不絕。吾不如蕭何。連百萬之衆。戰必勝。攻必取。吾不如韓信。三者皆人傑。吾能用之。此所以取天下者也。項羽有一范增

而不能用。此所以為我擒也。羣臣悅服

解 西漢史上。記高帝既定天下。置酒宴羣臣於洛陽之南宮。因問羣臣說。你通侯諸將等。試說我所以得天下者何故。項羽所以失天下者何故。高起王陵二人齊對說。陛下使人攻打城池。略取土地。既得了。就封那有功之人。與天下同其利。因此人人盡力戰爭。以圖功賞。此陛下之所以得天下也。項羽則不然。妬賢嫉能。雖戰勝而不錄人之功。雖得地而不與人同利。因此人人怨望。不肯替他出力。此項羽之所以失天下也。高帝說。公等但知其一。未知其二。夫運籌策定計謀於帷幄之中。而决勝於千里之外。這事我不如張子房。鎮守國家。撫安百姓。供給軍餉不至乏絕。這事我不如蕭何。統百萬之兵。以戰則必勝。以攻則必取。這事我不如韓信。張子房蕭何韓信三人。都是人中的豪傑。我能一一信用他。得此三人之助。此所以取天下者也。項羽只有一箇謀臣范增。而每事猜疑。不能信用。是無一人之助矣。此所以終被我擒獲也。群臣聞高帝之說。無不欣悅敬服。夫用人者恒有餘。自用者恒不足。漢高之在當時。若論勇猛善戰。地廣兵強。不及項羽遠甚。而終能勝之者。但以其能用人故耳。故智者為之謀。勇者盡其力。而天下歸功焉。漢高自謂不如其臣。所以能駕馭一時之雄傑也

過魯祀聖

三十九
漢高帝

漢史。紀高帝擊淮南王黥布。還過魯。以太牢祀孔子

㊁西漢史上。記漢高帝因淮南王黥布謀反。自領兵征之。擒了黥布。得勝回還。經過山東曲阜縣。乃舊魯國。是孔子所生的地方。有孔子的墳墓。高帝具太牢牲禮。親拜祭之。（祭祀的牛叫做太牢）夫孔子雖是大聖。其官不過魯國的大夫。自孔子歿後。戰國之君。皆不知尊信其道。及秦始皇又焚燒其書。高帝以天子之尊。方用兵征伐之際。就

知崇儒重道，且用太牢，與社稷宗廟的祭禮一樣。後世人君尊敬孔子，實自高帝始。其好尚正大如此，宜其為一代創業之君也

卻千里馬
漢文帝

四十二

漢史。紀文帝時。有獻千里馬者。帝曰。鸞旗在前。屬車在後。吉行五十里。師行三十里。朕乘千里馬獨先安之。下詔不受

（解）西漢史上。記文帝時。有人進一匹馬。一日能行千里。文帝說道。天子行幸。有鸞旗。導引於前。有屬車擁護於後。或巡狩而吉行。一日不過五十里而止。或征伐而師行。一日不過三十里而止。朕騎着這千里馬。獨自箇先往何處去。於是下詔拒而不受。還着那進馬的人牽回去了。夫

千里馬。是良馬也。文帝以爲非天子所宜用。尚且不受。況其他珠玉寶貝。珍禽奇獸。不切於人主日用者。又豈足以動其心乎。書曰。不作無益害有益。功乃成。不貴異物賤用物。民乃足。正文帝之謂也

止辇受言

四十三

漢史紀文帝每朝。郎從官上書疏。未嘗不止輦受其言。言不可用。置之。可用。采之。未嘗不稱善。

（解）西漢史上記文帝每出視朝。但有郎從等官上書陳言者。雖正遇行路之時。亦必駐了輦。聽受其言。縱使所言沒道理不可用。但置之不行而已。亦不加譴責。如其言有益於生民。有補於治道。則必亟加採擇。次第行之。又每每稱道其所言之善。蓋不但採取之而已。嘗聞人君之德。莫貴於聽言。自秦禁偶語。天下以言為諱矣。是

以底於滅亡。而不悟也。觀文帝之虛懷聽納如此。雖大舜之明目達聰。成湯之從諫弗咈。亦何讓焉

納諫賜金

四十五
漢文帝
袁盎

漢史。紀文帝從霸陵上。欲西馳下峻阪。中郎將袁盎騎並音傍車。擥轡。上曰。將軍怯耶。盎曰。臣聞聖主不乘危。不徼幸。今陛下騁六飛。馳下峻阪。有如馬驚車敗。陛下縱自輕。柰高廟太后何。上乃止。又從幸上林。奏却慎夫人坐。上說。賜盎金五十斤

【解】西漢史上。記文帝到霸陵上面。過西邊。欲馳車下高峻的坡阪。有隨駕的中郎將。姓袁。名盎騎着馬傍車而行。急忙挽住了車轡。不肯馳驟文帝說將軍莫非膽氣怯耶。何乃怕懼如此。袁

盎說。臣聞明聖之主。不肯乘危險之地。凡有舉動。必要萬全。不圖僥倖而免。知此身所係甚重也。今陛下駕六馬之車。馳騁而下峻阪。就是無事。亦乘危倖免耳。儻或一時馬驚車敗。卒有不測之變。悔將何及。陛下縱然自輕其身。其如高祖之付託。太后之屬望何。帝聽其言。停車不下。

後袁盎又隨文帝往上林。帝有箇寵愛的慎夫人。與皇后同席而坐。袁盎以為非禮。奏使慎夫人退卻。文帝喜其屢進忠言。賜他金五十斤。夫人臣進諫。只要其君免於危險。無有過失。非圖賞也。今文帝既聽其言。又加重賞如此。蓋深知其言之有益。且欲以勸他人之直言耳。從善之意何其切哉

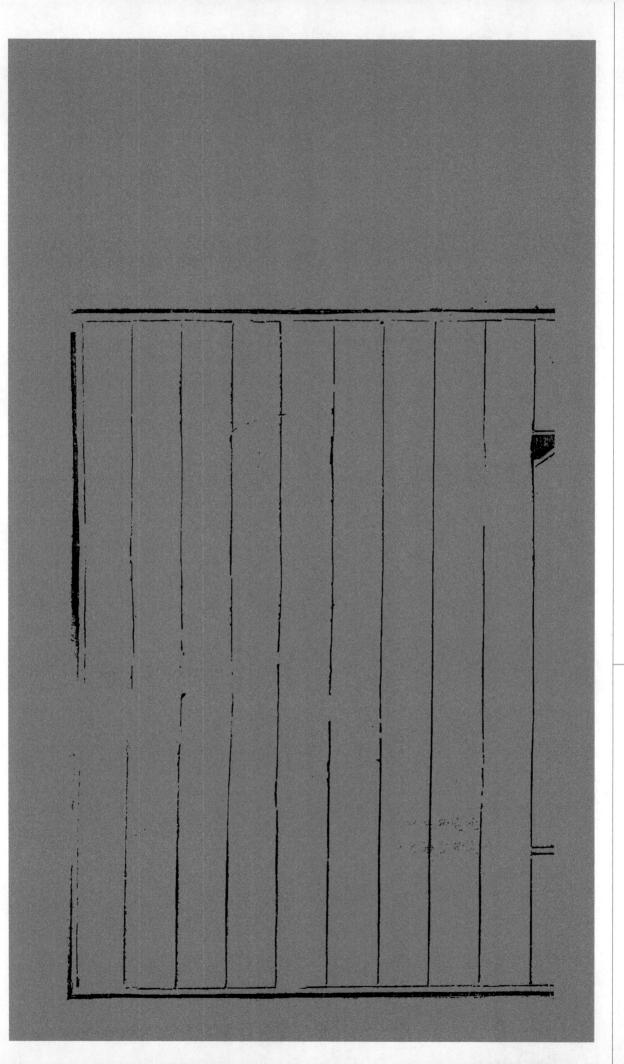

不用利口
嗇夫

四八
漢文帝
張釋之
上林尉

◎

漢史。紀文帝登虎圈。問上林尉諸禽獸簿。尉不能對虎圈嗇夫從旁代尉對甚悉。帝詔張釋之拜嗇夫為上林令釋之曰。周勃。張相如。稱長者。兩人言事曾不出口。豈效此嗇夫喋喋利口捷給哉。今以嗇夫口辯而超遷之。恐天下隨風而靡。爭為口辯而無實也。帝曰善

（解）西漢史上。記文帝一日遊幸上林苑。登養虎的虎圈。因問上林苑管簿籍的官說這苑中各樣的禽獸。有多少數目。這官人一時答應不來

有箇管虎圈的嗇夫。在旁邊替那官人一一答應甚是詳悉。文帝喜他。遂召侍臣張釋之說。這嗇夫有才能。可就着他做上林苑令。釋之對說如今朝中如周勃。張相如。這兩箇人是有德的長者。能任朝廷大事。然其言事皆說不出口。盖有德的人。自然器宇深沉。言語簡當。豈學這嗇夫喋喋然用快利之口。便捷以辯給哉。今若因嗇夫口辯。就超遷他。恐天下聞此風聲。而靡然傚傚。都只學舌辯能言。不務誠實。則風俗薄。而

人心漓矣文帝以張釋之所言當理遂止不用

嗇夫觀此一事則用人者不當但取其言而文

帝從諫之善亦於此可見矣宜其為漢朝一代

之賢君也歟

五十一

漢史。紀文帝嘗欲作露臺。召匠計之。直百金。上曰。百金。中人十家之產也。吾奉先帝宮室。常恐羞之。何以臺為

（解）西漢史上。記文帝嘗欲在驪山上造一露頂高臺。使工匠計算所費幾何。工匠計算說。該用百金。文帝說。百金之貲財。若以民間中等的人家計之。可勾十戶人家的產業。今築一箇臺。就破費了十家的產業。豈不可惜。且我承繼着先帝的宮室。不為不廣。常恐自己無德。玷辱了先

帝。又豈可縻費民財。而為此無益之工作乎。於
是停止露臺之工。不復興造。夫文帝富有四海
況當承平無事之時。財用有餘。然百金之微。猶
且愛惜。不肯輕費如此。雖堯舜之土堦。大禹之
卑宮。何以過之哉。大抵人主愛民之心重。則自
奉之念輕。夫以一臺之工。遂至費百姓十家之
產。若如秦皇之阿房驪山。宋徽之龍江艮嶽。其
所費又不知其幾千萬家矣。窮萬民之財。以供
一已之欲。一旦民窮盜起。社稷邱墟。雖有臺池

鳥獸豈能獨樂哉後世人主誠當以漢文為法
毋以小小營建為費少而遂恣意為之也

五十三

遣倖謝相
漢文帝
鄧通
申屠嘉
鄧通

五一四

◎

漢史紀文帝以申屠嘉為丞相。時鄧通愛幸無比

嘉嘗入朝。通居上旁怠慢。嘉曰。陛下愛幸群臣。即富貴之。至於朝廷之禮。不可不肅。罷朝。嘉坐府中。為檄召通。不來且斬。通恐言上。上曰。汝第往。通詣丞相。免冠。徒跣。頓首謝。嘉責曰。通小臣戲殿上。大不敬。當斬。語吏令斬之。通頓首出血。不解。上使使持節召通。而謝丞相。嘉乃解。通還見上流涕曰。丞相幾殺臣

解 西漢史上。記文帝以申屠嘉為丞相。嘉為人

正直。文帝甚重之。時有箇郎官叫做鄧通得幸於文帝。寵愛無比。嘉嘗入朝見鄧通在文帝旁邊狎侍恩寵有怠慢之狀。嘉即奏說。陛下愛幸群臣。只好賞賜他財物。使之富貴足矣。至於朝廷上的禮儀。則不可不嚴肅。及罷朝。回坐於丞相府中。寫文書去提鄧通。說道。他若抗拒不來便當處斬。鄧通恐懼。求救於文帝。文帝知丞相所執者是朝廷之禮。鄧通委的有罪。就着他去見丞相。通到府中。取了冠、跣足、頓首謝罪。申屠

嘉責他說。朝廷乃禮法所在。你一箇小臣。敢狎
戲於殿上。犯了大不敬。論罪當斬。因使吏拿出
斬之。通叩頭謝罪。至於出血。嘉怒猶不解。文帝
料鄧通已在丞相處陪話知罪了。乃使人持節
召通。而致謝丞相。申屠嘉乃遣之。鄧通回去。到
文帝面前流涕說道。丞相幾乎殺了臣。夫文帝
寵倖鄧通。致敢於怠慢。其始固不能無過。然申
屠嘉正言直論。而帝略不偏護。即遣令就罪。使
大臣得伸其法。而嬖倖不敢狎恩。非聖君而能

若是哉

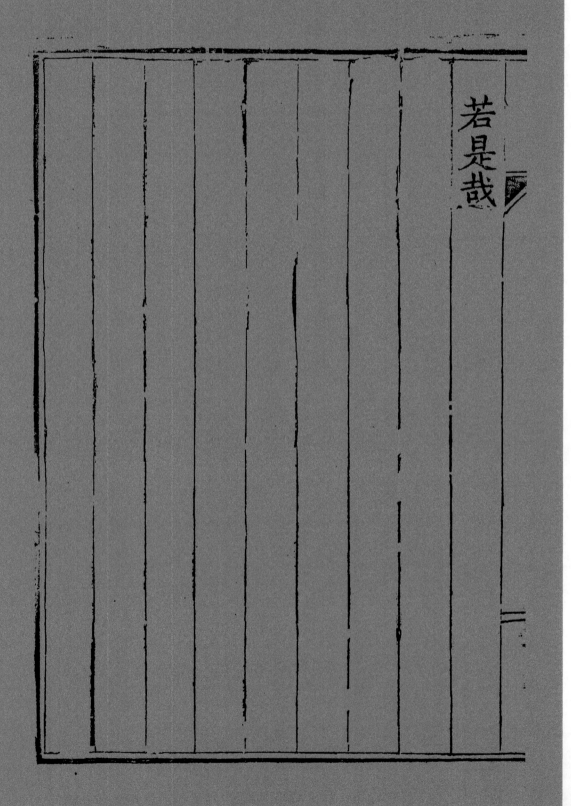

屈尊劳将

五十七
漢文帝

史紀文帝時匈奴大入邊使劉禮屯霸上徐厲
屯棘門周亞夫屯細柳以備胡上自勞軍細柳先
驅至不得入曰天子且至軍門都尉曰軍中聞将
軍令不聞天子詔上乃使使持節詔将軍吾欲入
營勞軍亞夫乃傳言開壁門壁門士曰将軍約軍
中不得馳驅於是天子按轡徐行至營亞夫持兵
揖曰介冑之士不拜請以軍禮見上改容式車使
人稱謝成禮而去曰嗟乎此真将軍矣向者霸上
棘門如兒戲耳其将固可襲而虜也至於亞夫可

得而犯耶

解 西漢史上。記文帝時。北虜匈奴入邊為寇。文帝拜劉禮。徐厲。周亞夫。三人俱為将軍。各領兵馬出京。分布防守。劉禮屯于霸上。徐厲屯于棘門。亞夫屯于細柳。文帝親到各營。撫勞将士。初到霸上棘門二營。車駕径入。沒些阻當。末後往細柳營。導駕的前隊。已到營門。被軍士阻住。不得入。與他說。聖駕就到。可速開營門。那軍門都尉對說。我軍中只知有将軍的號令。不知有天子的詔旨。少間文帝的駕到了。還不開門。文帝乃使人持節召亞夫。說朕要進營勞軍。亞夫纔傳令開營門接駕。臨進門時。守門軍士又奏說将軍有令。軍中不許馳驅走馬。文帝乃按住車轡。徐徐而行。到中軍營。亞夫出迎。手執着兵器。只鞠躬作揖。說道。甲胄在身。不敢拜跪。臣請以軍禮參見。文帝聽說。悚然改容。俯身式車。使人傳旨致謝亞夫。說皇帝敬勞将軍。成禮而去。文帝出營門。歎美亞夫說道。這纔是箇真将軍。恰繞見霸上棘門二營。那樣疎略。如兒戲一般。萬一有乘虛刼營之事。其將固可掩襲而擄也。至如亞夫這等紀律。可得而輕犯耶。嘗考古者人君命將。親推其轂。授之以鉞。曰。閫以外。將軍主之。不從中制也。盖將權不重。則軍令不嚴。士不用命。故穰苴戮齊王之嬖臣。孫武斬吳王之寵姬。而後能使其衆。以成大功。觀周亞夫之紀律嚴明。誠為一時名將。然非文帝之聖明。重其權而優其禮。則亞夫將求免罪過之不暇。況望其

能折衝而禦侮哉。後世人君御將宜以文帝爲法

◎

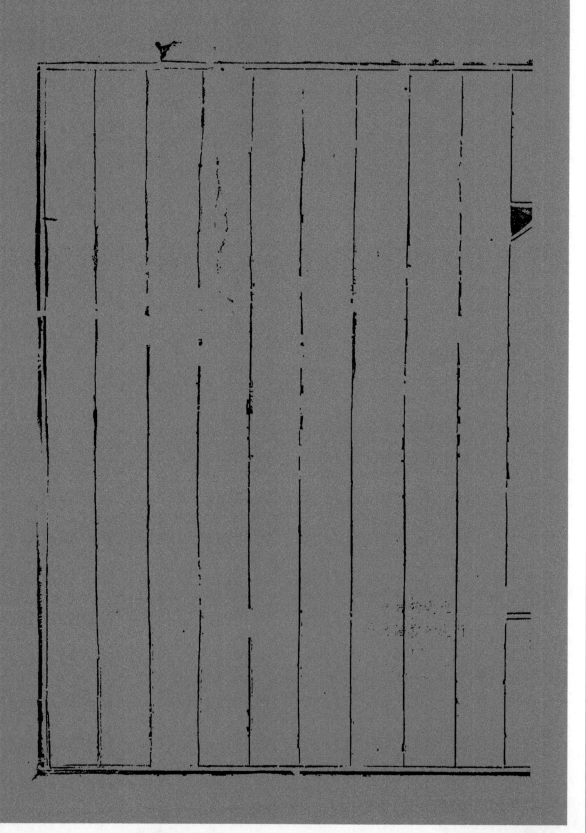

蒲輪徵賢
申公

六十一

漢史紀武帝雅嚮儒術。以趙綰為御史大夫。王臧為郎中令。二人薦其師申公。上使使者奉安車蒲輪。束帛加璧。迎之。既至。以為大中大夫。舍魯邸。上問以治道。對曰。為治不在多言。顧力行何如耳

解 西漢史上。記武帝素喜好儒者的學術。因舉用當時名儒。以趙綰為御史大夫。王臧為郎中令。趙綰王臧又舉薦他師傅申公。說他的學問更高。武帝聞說。即遣使去徵聘他。又聞申公年老。恐其途中受勞。因駕一輛安車去迎接申公。

又用蒲草裹了車輪，使其行路軟活，坐的自在。又用幣帛一束，加上玉璧，以為聘禮。申公感武帝這等盡禮，遂隨聘到京。武帝授以太中大夫之職，安置在魯王府裡居住。問他治天下的道理何如。申公對說，為治也不在多言，只是着實行將去便好。蓋議論多，則心志惑，與其託之空言，不若見諸行事之為有益也。夫天下之治亂係賢人之去留，是以古之明君，以屈己下賢為盛事。而親枉萬乘，以盡禮于衡門韋布之賤者。

往往有之。漢興以来。雖不逮古。而武帝此舉。猶庶幾古人之意。至申公力行一言。則又治天下之要道也

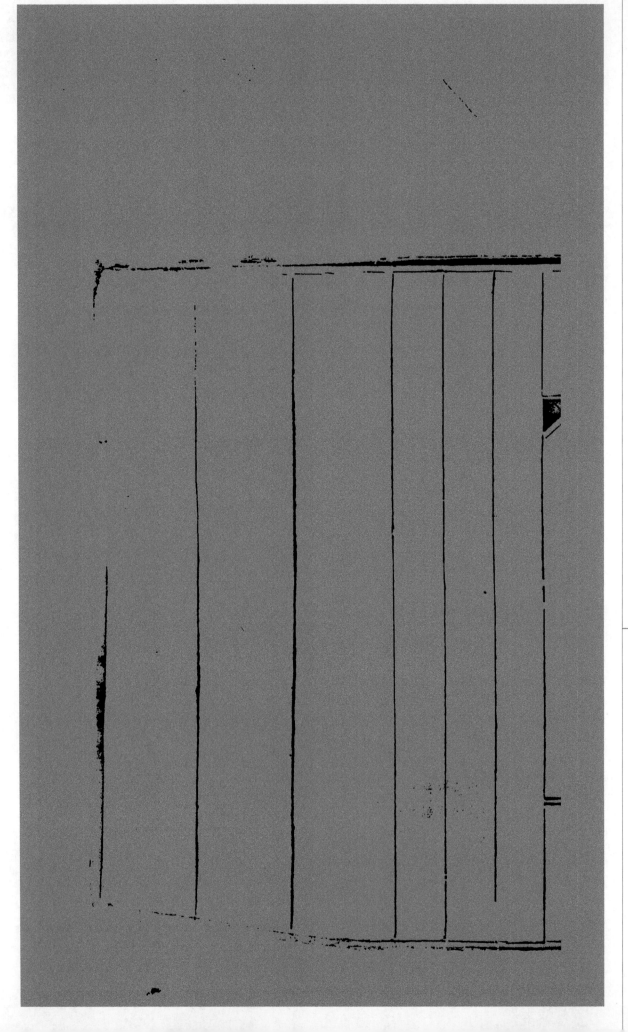

明辨詐書
漢昭帝
霍光

六十四

漢史。紀昭帝時蓋長公主。左將軍上官桀。與其子安。及桑弘羊等。詐令人為燕王旦上書。言大將軍霍光擅調益幕府校尉。專權自恣。書奏。帝留中。明旦光聞之。不入。有詔召大將軍。光入。免冠頓首。上曰。將軍冠。朕知是書詐也。將軍調校尉未十日。燕王何以知之。是時帝年十四。尚書左右皆驚。而上書者果亡。後桀黨有譖光者。上怒曰。大將軍忠臣。先帝所屬以輔朕身。敢有毀者坐之。桀等乃不敢復言

【解】西漢史上。記昭帝年幼登極。大将軍霍光受遺詔輔政。那時蓋長公主。左将軍上官桀。與其子上官安。及桑弘羊等。各以私恨霍光。而燕王旦以帝兄不得立為天子。亦懷怨恨。于是上官桀等欺昭帝年小。設謀要排陷霍光。教人假充做燕王的人。上本劾奏霍光說他擅自更調幕府校尉。加添人數。專權自恣圖為不軌。昭帝覽奏。留中不下。霍光聞之。待罪于外。不敢入朝。帝使人召光入。光見帝。取了冠帽。叩頭伏罪。昭帝說將軍戴起冠朕知這本是假的將軍調校尉還未滿十日燕王離京師數千里他怎麼便就得知可見是詐那時昭帝年纔十四歲左右之人見帝這等明察莫不相顧驚駭那上書的人果然涉虛逃走以後上官桀的黨類又有譖毀霍光者昭帝即發怒說大將軍是个忠臣先帝因朕年幼託他輔朕再有言者即坐以重罪自是桀等懼怕不敢復言而霍光輔相昭帝竟爲賢主若使上官桀等之讒得行則霍光之禍固

不待言。而漢家宗社亦危矣。於戲。託孤寄命。豈

易事哉

褒奬守令

六十七

漢史。紀宣帝時。極重守令。嘗以為太守吏民之本。數變易則下不安。民知其將久。不可欺罔。乃服從其教化。故二千石有治理效。輒以璽書勉勵。增秩賜金。或爵至關内侯。公卿缺。則選諸所表。以次用之。是故漢世良吏於是為盛。稱中興焉

解 西漢史上。記宣帝選用官員。極重那知府知縣兩樣官。嘗說道各府太守。最是親民之官。第一要緊。若是到任不久。就遷轉去。百姓便不得蒙其恩惠。且迎新送舊。徒見勞擾。必須做得年

久。然後民情土俗百姓甘苦。他都知道。施與恩惠。行與政事。也都曉得頭腦。那百姓也欺哄不得。自然順從他的教化。所以宣帝時做守相。食二千石俸的。都要久任。若是歷任未久。就有功勞。也只降勅書奬勵。或就彼加陞官級。或賞賜金帛。或賜以關内侯的爵級。仍令照舊管事。到做的年歲深了。遇三公九卿有缺。即把向前旌表的好太守不次擢用。如黃霸以潁川太守入為太子太傅。趙廣漢以潁川太守入為京兆尹。

宣帝之留心守令如此。所以那時做官的。人人勉勵。好官甚多。而天下太平。中興之美。後世鮮及焉。夫官惟久任。則上下相安。既便于民。日久超擢。則官不淹滯。亦便于官。此用人保民之善法也。後來科目太繁。額數日增。陞轉之期。計日可俟。席不暇煖。輒已他遷。視其官如傳舍。視百姓如路人而已。其何以治天下哉

詔儒講經

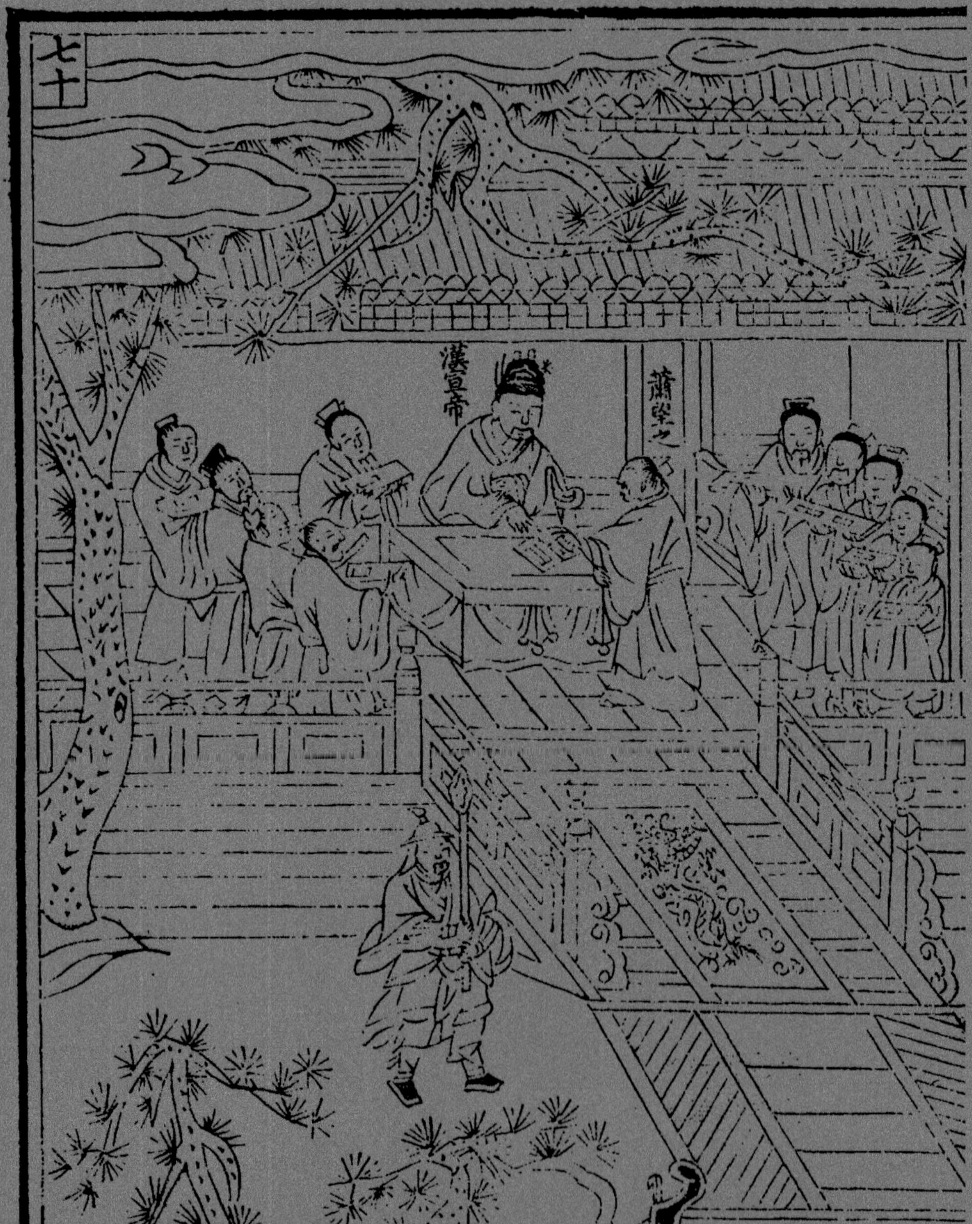
七十
漢宣帝
蕭望之

漢史。紀宣帝時。詔諸儒講五經同異。蕭望之等評奏其議。上親稱制臨决焉。乃立梁邱易。大小夏侯尚書。穀梁春秋。博士

（解）西漢史上。記宣帝好文。見得五經所言。都是修身治天下的大道理。自經秦人燒燬一番。到今表章之後。雖已漸次尋出。但諸儒傳授互有異同。不得歸一。而諸家傳註。亦且各自以為是無一定之說。因此詔諸儒臣講究五經同異。如經文有不同的。便要見誰是真傳。誰是錯誤。傳

註有不同的。便要見其人說的與經旨相合。某人說的與經旨相悖。又命蕭望之等評論他每講究的誰是誰非。奏聞於上。上親稱制臨視。而裁決其可否。這五經中。定以先儒梁邱賀傳授的易經夏侯勝。夏侯建。傳授的尚書。穀梁淑傳授的春秋。為真當。於是將這三經。各立博士之官。着他教習弟子以廣其傳。其詩禮二經。蓋先已有定論。故不述也。自宣帝以來。五經如日中天。傳之萬世。為治天下者之準則。其功亦大矣

葺檻旌直
漢成帝
辛慶忌

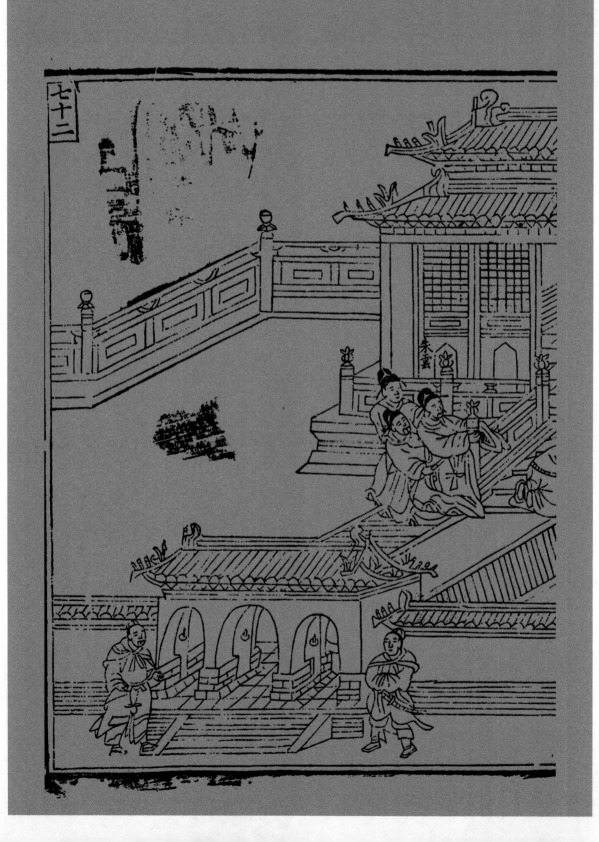

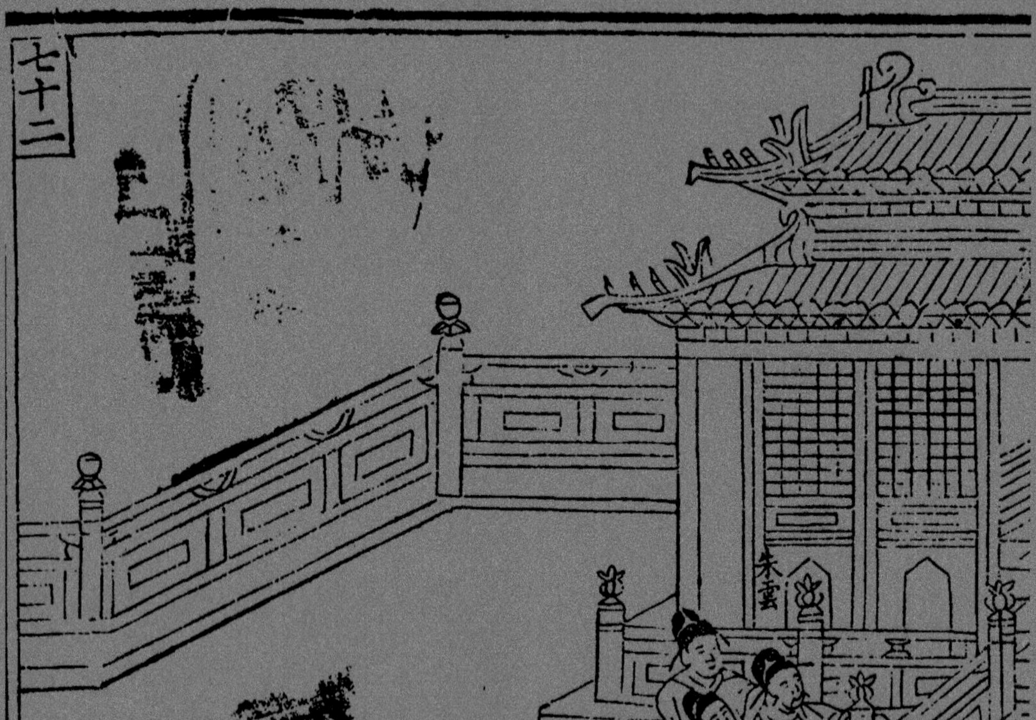
七十二
朱雲

◎

漢史。紀成帝時。張禹黨護王氏。故槐里令朱雲上書求見。公卿在前。雲曰。臣願賜尚方斬馬劍。斷佞臣一人頭。以勵其餘。上問誰也。對曰。安昌侯張禹。上大怒曰。小臣廷辱師傅。罪死不赦。御史将雲下。雲攀殿檻。檻折。雲呼曰。臣得從龍逢比干遊於地下足矣。未知聖朝何如耳。左将軍辛慶忌。免冠叩頭力救。上意解。得已。及後當治檻。上曰。勿易。因而葺之。以旌直臣

（解）西漢史上。記成帝時。外戚王氏專權亂政。安

昌侯張禹原授成帝經成帝以師禮待之禹為人有經學但其性柔佞又年老要保全名位因見王氏威權盛遂黨護之其誤國不忠之罪大矣那時有原任槐里縣令朱雲為人剛直惡張禹如此乃上書求面見天子言事公卿都侍立在前朱雲上前直說願賜尚方斬馬劍與臣斬一箇佞臣的頭以儆其餘成帝問佞臣是誰朱雲對說是安昌侯張禹成帝大怒說小臣敢當大廷中辱我師傅其罪該死不可赦宥御史遂

拿朱雲下殿去。朱雲攀扯殿前欄干。死不肯放。御史拿急。遂将欄干扯斷了。朱雲乃大呼說昔桀殺關龍逄。紂殺王子比干。臣今以直諫被戮得從二臣遊於地下。為忠義之鬼。其願足矣。但惜聖朝為奸佞所誤。不知後来變故何如耳。朝班中有左将軍辛慶忌。取去冠帽叩頭說。此臣素稱狂直。宜賜優容。於是成帝怒解。朱雲纔得免死。到後来修理欄干。成帝說。此欄干不必改換新的。只把這折處葺補。留箇遺迹。使人知道是朱雲所折。以旌表直言之臣。夫國家不幸有奸臣弄權。邪佞小人。又從而阿附之。相與壅蔽人主之聰明。所賴忠義之士。發憤直言。以陰折其氣而消其黨。苟加之罪。則天下莫敢復忤權奸。而人主益孤立於上矣。成帝既悟朱雲之直。遂宥其死。且留檻以旌之。蓋亦有見於此。可謂有人君之度者。故史臣紀而稱之

賓禮故人
嚴光
漢光武

◎

七十五

◎

漢史。紀光武少與嚴光同學。及即位。思其賢。令以物色訪之。有一男子披羊裘。釣齊澤中。帝疑其光乃備安車玄纁。遣使聘之。三反而後至。車駕即日幸其館。光卧不起。帝撫光腹曰。咄咄子陵。不可相助為理耶。光張目熟視曰。昔唐堯著德。巢父洗耳。士故有志。何至相迫乎。帝嘆息而去。復引光入。論舊故。相對累日。因共偃卧。光以足加帝腹。明日太史奏客星犯帝座甚急。帝笑曰。朕與故人嚴子陵共卧爾

（解）東漢史上。記光武少時曾與處士嚴光同學讀書。到後来光武即帝位。嚴光逃匿不肯見光武思念他賢。使人把他的模樣。去各處訪求聞說有一男子披着羊裘。釣魚於齊國之澤中。光武知是嚴光。乃備安車及玄纁幣帛。遣使者聘請之。三次往返。然後肯来。到京師。光武車駕即日親到他下處看他。嚴光睡着不起。光武直到他牀前。以手撫摩其腹。稱他的字說。咄咄子陵不可扶助我為治耶。嚴光張目看着光武說道

古時唐堯為天子。著德于天下。隱士巢父獨臨
水洗耳。不聞世事。堯也相容。不逼他做官。士人
各有志願。我既不願出仕。何苦相逼迫乎。光武
知其不可屈。歎息而去。又復引嚴光入禁中。與
他論說往年故舊之情。相對累日。因與他共睡。
嚴光不覺以足加在光武腹上。其忘分如此。明
日靈臺官奏說。昨夜有一客星犯帝座星甚急。
光武笑說。這非干變異。乃朕與故人嚴子陵共
睡耳。夫光武既帝天下。則嚴光乃草野中之一

民耳。光武只爲他是賢士。又是故人。遂加三聘之禮，親屈萬乘之尊。任其張目疾言。而不以爲傲。容其加足於腹。而不以爲侮。殷勤款曲。不復知有崇卑之分。此其盛德含容爲何如哉。所以先儒說光武之量包乎天地之外。非過美矣。後來東漢二百年人心風俗。皆以節義相高。寔光武之尊賢下士。有以感發而興起之也。

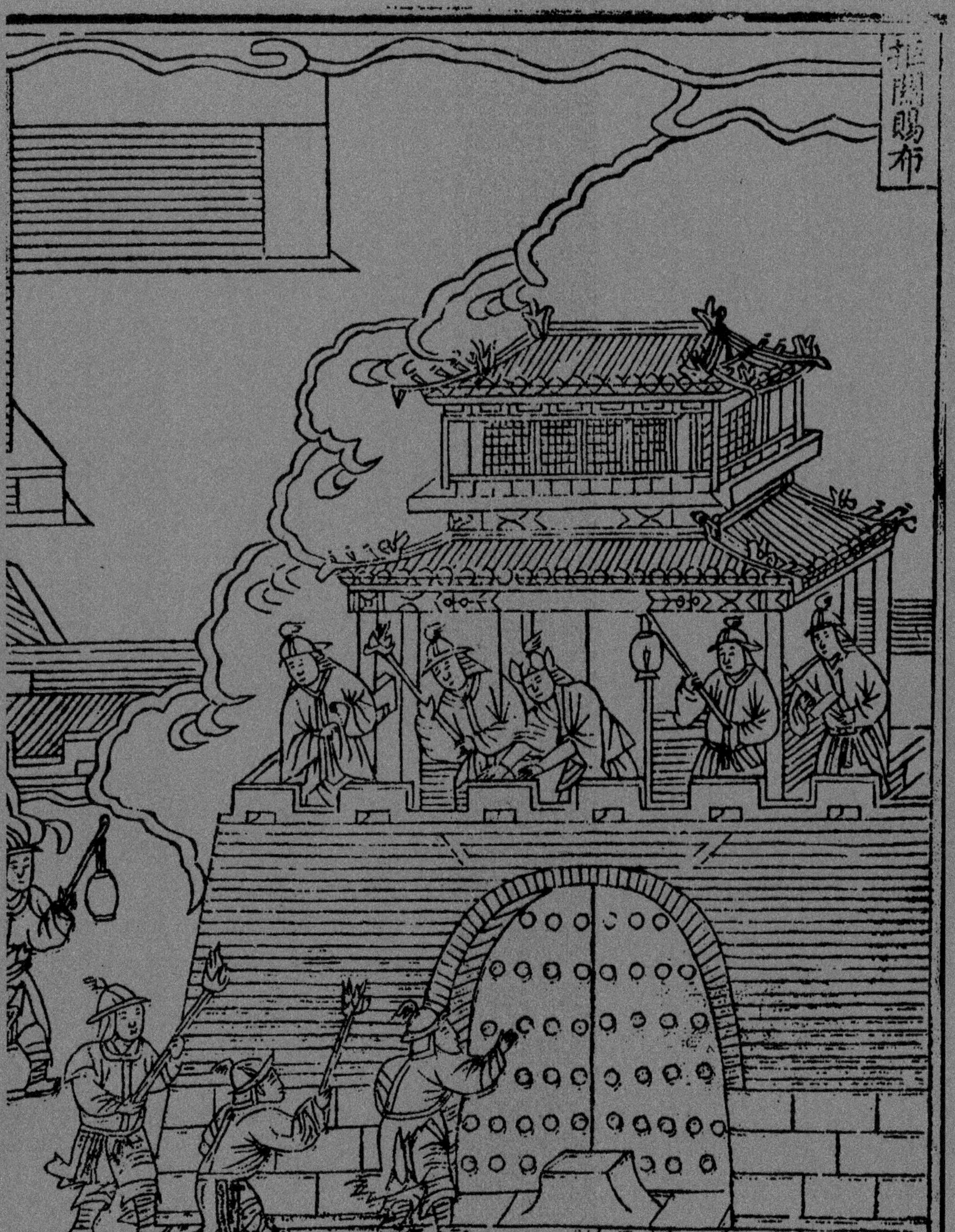
拒關賜布

七十八
漢光武
郅惲

漢史。紀光武嘗出獵車駕夜還。上東門候郅惲拒關不開。上令從者見面於門間。惲曰。火明遼遠。遂不受詔。上乃回。從東中門入。明日。惲上書諫曰。陛下遠獵山林。夜以繼晝。如社稷宗廟何。書奏。賜惲布百疋。貶東中門候為參封尉

解 東漢史上。記光武皇帝。一日曾出去打獵偶至夜深方回。那時城門已閉。光武至上東門有箇守門官姓郅名惲。閉門不開。不放車駕進入。光武道他不認得。着左右隨從的人。見面於門

間使他識認。郅惲對說。這等深夜。火光遼遠。怎麽辨得真偽。終不開門。光武不得已。轉從東中門進入回宮。至次日早。郅惲又上書諫說。陛下以萬乘之尊。遠獵山林。晝日不足。以夜繼之。陛下縱自輕。其如社稷宗廟付託之重何。臣誠未見其可也。書奏。光武深嘉其言。賜布百疋。反將中東門的門官降為參封縣尉。以其啓閉不嚴故貶之。蓋皇城門禁。最宜嚴謹。深夜啓閉。豈有非常。況天子以萬乘之尊。出入尤當戒備。故郅惲之閉關不納。他豈不認的是光武。蓋欲因此以示儆耳。光武是創業之主。素謹周身之防。故於郅惲。不惟不罪。且加賞焉。若如後世尋常之見。則中東門候必以順意蒙賞。而郅惲必以忤旨見罪矣

夜分講經
漢光武
太子

漢史。紀光武數引公卿郎將講論經理，夜分乃寐。皇太子見帝勤勞不怠，乘間諫曰：陛下有禹湯之明。而失黄老養性之福。願頤養精神，優游自寧。帝曰。我自樂此，不為疲也

(解)東漢史上。記光武皇帝退朝之後。常常引公卿及郎將之有經學者。與之講論經書中的義理。至於夜半。方去歇息。皇太子見帝講論勞苦。恐過用了精神，乘空進諫說。陛下勵精圖治。固有大禹成湯之明。而形神過勞。昧於黄帝老子

養性之福。願順養愛惜此身之精神。使常優游自寧。不可過於勞役。光武說。經書中義趣深長。我只見得這件事可樂。故常與群臣講論。不為疲倦也。蓋治天下之道。具於經書。而天下之可樂。莫如務學。光武雖以征伐中興。然非講明治道。則雖有天下。未易守也。惟光武有見於此。而急於講求。故能身致太平。而遺東漢二百年之業。其得於經理之助多矣

賞强項令

八十三
漢光武
湖陽公主
董宣

漢史。紀光武時。董宣為雒陽令。湖陽公主蒼頭殺人。匿主家。及主出。以奴驂乘。宣駐車叩馬。以刀畫地。大言數主之失。叱奴下車。格殺之。主還訴帝。帝大怒。召宣欲箠之。宣叩頭曰。陛下聖德中興。而縱奴殺人。將何以治天下乎。臣不須箠。請自殺。即以頭擊楹。帝令人持之。使宣叩頭謝主。宣不從。彊使頓之。宣兩手據地。終不肯俯。帝勑彊項令出。賜錢三十萬。京師莫不震慄

解 東漢史上。記光武時。有姓董名宣者。做在京

雒陽縣令。帝姊湖陽公主。有家人白日殺人。藏
躲在公主家裡。官府拏他不得。一日公主出行。
此奴在公主車上。董宣于路攔着公主的車。叩
着馬不放過去。以刀畫地。大言數說公主的過
失。喝奴下車。親手擊殺之。公主即時還宮。告訴
光武。光武大怒。拏得董宣來要打殺他。宣叩頭
說。陛下聖德中興。當以法度治天下。若縱奴殺
人。不使償命。是無法度也。家奴犯法。尚不能治。
將何以治天下乎。臣不須箠杖。請自縊便了。即

以頭撞柱。光武見他說得有理。令人持定他。不要他撞柱。只着他與公主叩頭謝罪。就饒他。宣不肯從。光武彊使人將頭按下。宣只兩手撐定。彊直了項。終不肯叩頭。光武見他耿直。反因此喜他。傳旨着這彊項令且出。又賜錢三十萬。以獎勵之。於是京師內外。莫不震慄。無敢倚恃豪強。以犯法者。書曰。世祿之家。鮮克由禮。豈其性與人殊哉。良以習見富勢之為尊。不知國法之可畏。而奴僕莊佃之人。倚強使勢。生事害人。亦有其主不及知者。若不因事裁抑，示以至公，使之知儆。至於驕盈縱肆，身陷刑憲，則朝廷雖欲從寬亦不可得矣。光武之嘉賞董宣，意蓋以此。故終光武明章之世，貴戚妃主之家，皆知守禮奉法，保其祿位，豈非以貽謀之善哉。

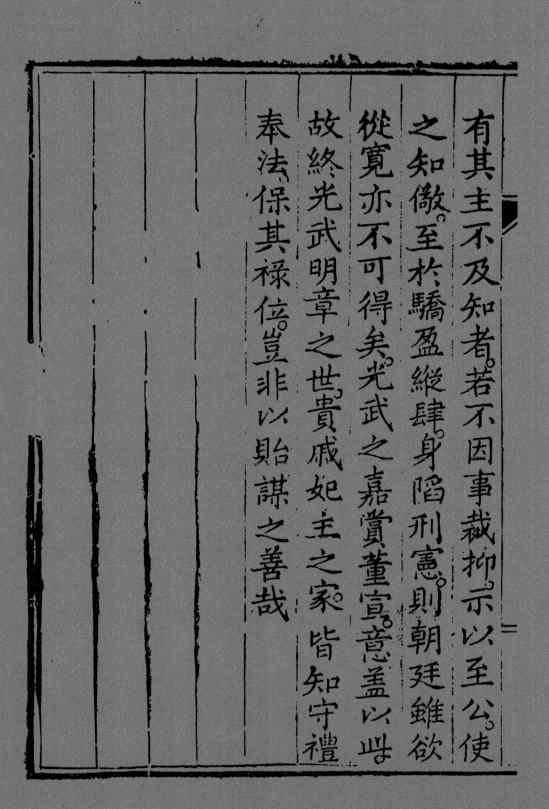

臨雍拜老
漢明帝
桓榮
李躬

金

◎

漢史。紀明帝幸辟雍。初行養老禮。以李躬為三老桓榮為五更。禮畢。引桓榮及弟子升堂上自為辯說。諸儒執經問難於前。冠帶搢紳之人。圜橋門而觀聽者。盖億萬計

（解）東漢史上記明帝初登極時。幸辟雍。行古養老之禮。辟雍。即是今之國子監。古来養老。有三老五更的名色。三老。是年高有德的。五更。是更歷世事的。明帝舉行古禮。以其賢臣李躬為三老。以其師傅桓榮為五更。行禮既畢乃引桓榮

等。及辟雍中的生徒弟子。進入堂上。親與他講解經義。諸弟子亦手執經書。向帝坐前。問所疑難。其時冠帶搢紳之人。羅列在辟雍橋門外觀禮聽講者。有億萬多人。其崇尚教化。而感動人心如此。

愛惜郎官
館陶公主
漢明帝

八十八

漢史。紀明帝時。舘陶公主為子求郎。帝不許。而賜錢千萬。謂群臣曰。郎官上應列宿。出宰百里。苟非其人。民受其殃。是以難之

【解】東漢史上。記明帝的姊舘陶公主。在明帝上乞恩。要將他的兒子除授郎官。明帝不許。以公主的分上。不好直拒。乃賞賜他銅錢一千萬。以見厚他的意思。公主退後。明帝向羣臣說。天上有箇郎位星。可見這郎官之職。上應列宿。出去為宰。管着百里地方。責任匪輕。豈是容易做的。

必得其人。方可授之。若錯用了一箇不才的人。叫那百姓每都受他的害。豈我為民父母之意哉。今公主之子。賢否未知。我所以不肯容易許之也。夫朝廷設官分職。本以為民。不是可以做人情濫與人的。明帝於館陶公主之子。寧可以千萬錢賜之以益其富。不肯輕授一職以遺害於民。誠得聖王重官爵。惜名器之意。史稱當時吏稱其官。民安其業。有由然哉

君臣魚水
關羽
張飛

九十
諸葛亮
漢昭烈

三國史。紀諸葛亮隱於襄陽隆中。有王霸大略。劉先主聞其名。親駕顧之。凡三往。乃得見。亮因説先主以拒曹操。取荆州。據巴蜀之策。先主深納其言情好日密。關羽張飛不悦。先主解之曰。孤之有孔明。猶魚之有水也。願諸君勿復言

（解）三國史上。記諸葛亮初隱居于襄陽之隆中地方。有與王定霸的才略。不肯出仕。人稱他為卧龍。蜀先主劉備聞其名。乃親自枉駕去見他。凡去三次。纔得相見。亮以道自重。本不求仕進

見先主屈尊重道誠意懇切如此。心懷感激。遂委質為臣。因說先主以拒曹操。取荊州。據巴蜀的計策。先主以這計策甚善。深納其言。與他相處情好日益親密。當時先主有兩箇結義的兄弟。叫做關羽。張飛。見先主一旦與亮這等親密。心中不喜。先主勸解說。孤之有孔明。(孔明是亮的字)如魚之有水一般。魚非水。無以遂其生。我非孔明。無以成帝業。諸君既與我同心要與復漢室。不可不親厚此人也。願諸君勿再以為言夫先主信任孔明，雖平日極相厚，如關張亦離間他不得。如此，故孔明得展其才。結吳拒魏，取蜀。當漢祚衰微之時，成三分鼎立之勢。其後又於白帝託孤，輔佐後主。觀其前後出師二表，千古之下，讀之使人垂淚。蓋其心誠感激先主之恩遇，故鞠躬盡瘁而不辭也。後世稱君臣之間相親相信者，必以魚水為比，蓋本諸此云。

焚裘示儉
晉武帝

九十三

晋史。紀武帝時，太醫司馬程據獻雉頭裘。命焚之於殿前，詔中外，自今毋獻奇技異服

解 晋史上。記武帝初即位時，有太醫司馬程據者。以雉頭羽毛。織成裘襖来獻。帝見其過於華麗。恐長奢靡之風。命人以火焚之於殿前。以示已之不貴異物。不尚服飾也。又詔中外，自今以後。再不許将奇異技巧之物。及華美異樣的衣服來獻。盖人主之好尚，乃天下觀法所繫。不可不慎也。晋武禪位之初，承魏氏奢侈之後。欲矯

以節儉故不焚於他所。而焚於殿前。要令衆庶共見之耳。然其意不出於至誠。故未久即變孽后亂政。五王僭侈。而晉室南遷矣。孟子說。恭儉豈可以聲音笑貌為哉。正此之謂也

留衲戒肴
宋高祖
會稽公主

九十五

宋史。紀高祖微時。嘗自於新洲伐荻。有衲布衫襖。臧皇后手所作也。既貴。以付其長女會稽公主曰。後世有驕奢不節者。可以此衣示之

（解）六朝宋史上。記高祖劉裕起初微賤時。其家甚貧。常親自在新洲上砍斫蘆荻。那時穿一件碎補的衲襖。乃其妻皇后臧氏親手縫成的。及高祖登了帝位。思想平生受了許多艱苦。創下基業。恐子孫不知。不能保守。乃將這衲襖付與他的長女會稽公主收藏。囑付他說。後來我的

子孫。若有驕恣奢侈。不知節儉的。你可把這衣與他看。使他知我平素曾穿這等衣服。不得過求華美也。大抵創業之君。親歷艱苦。知民間衣食之難。愛惜撙節。人又瞞他不得。是以取於民者有制。而用常有餘。後来子孫。生長富貴。若非聰明特達者。易流於奢靡。輕用財帛。而人又欺瞞得他。冒破侵尅。取於民者日多。而用反不足。至於横征暴斂。民窮盜起。危其國家。此宋高祖示戒之意也。繼體之君。若能取法祖宗自服御之近。以至一應費用。必考求創業時舊規。要見當初每年進出幾多。後來每年進出幾多。在前爲何有餘。後來爲何不足。把那日漸加增之費。一一革去。則財用自然充積。賦歛可以簡省。民皆安生樂業。愛戴其上。而太平可長保矣

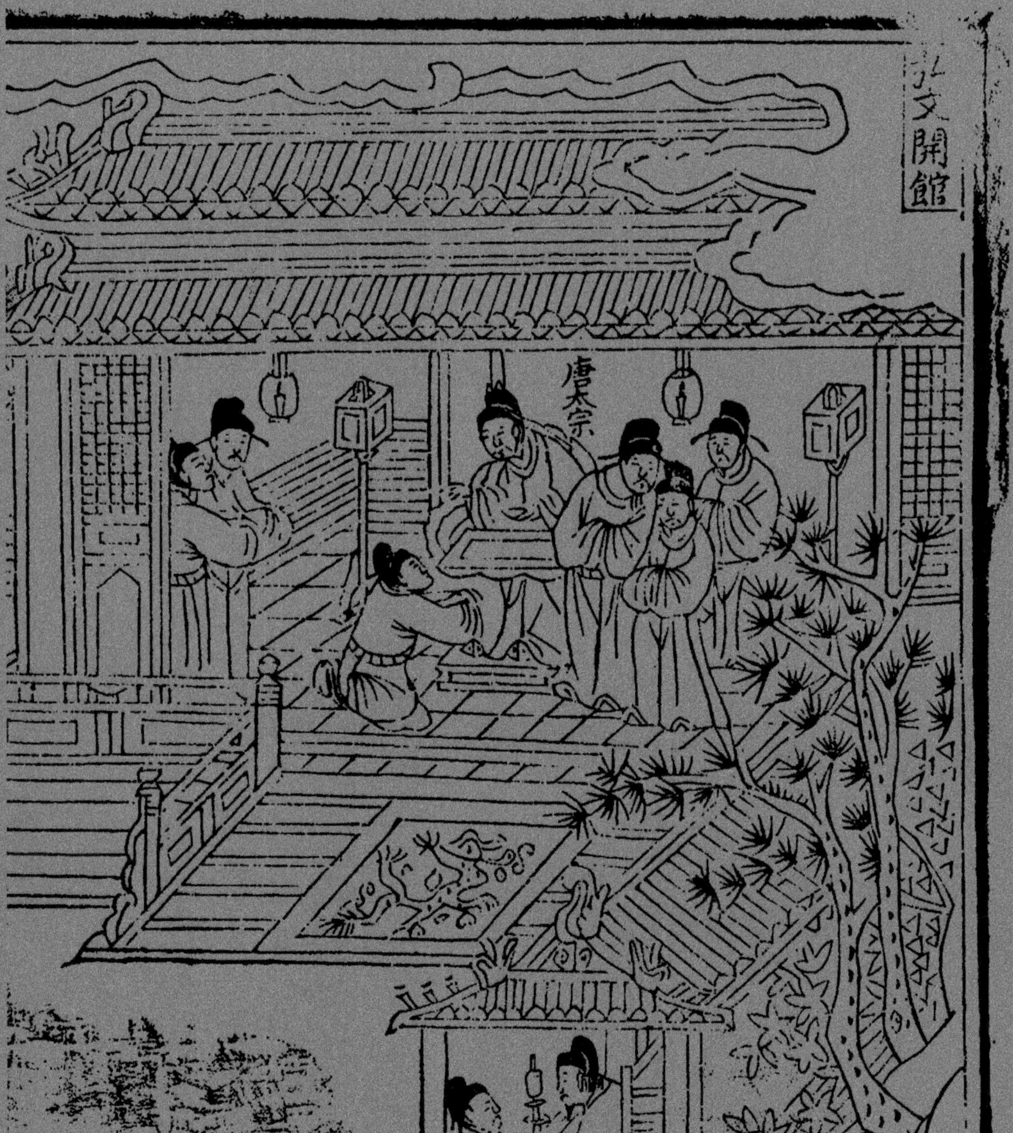
弘文開館
唐太宗

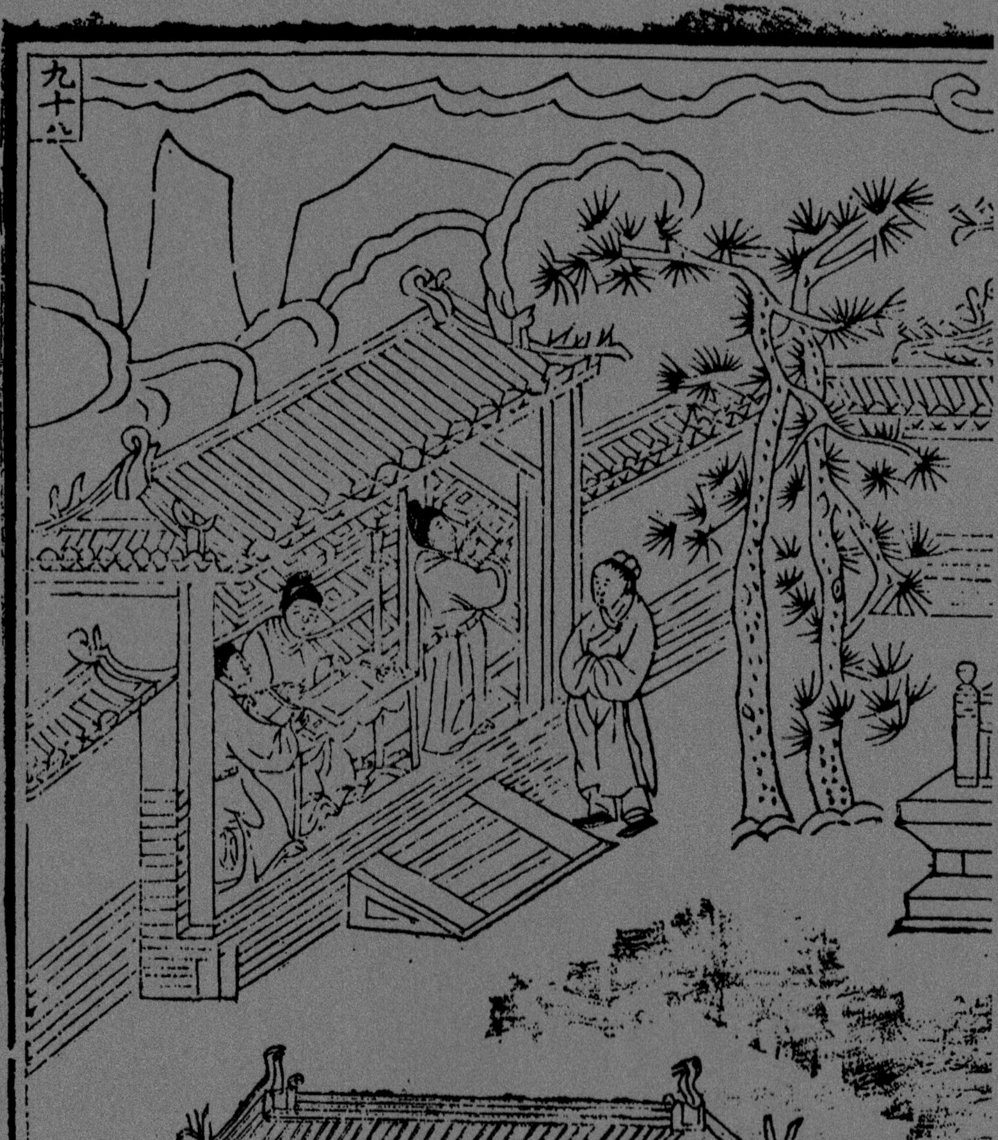
九十八

◎

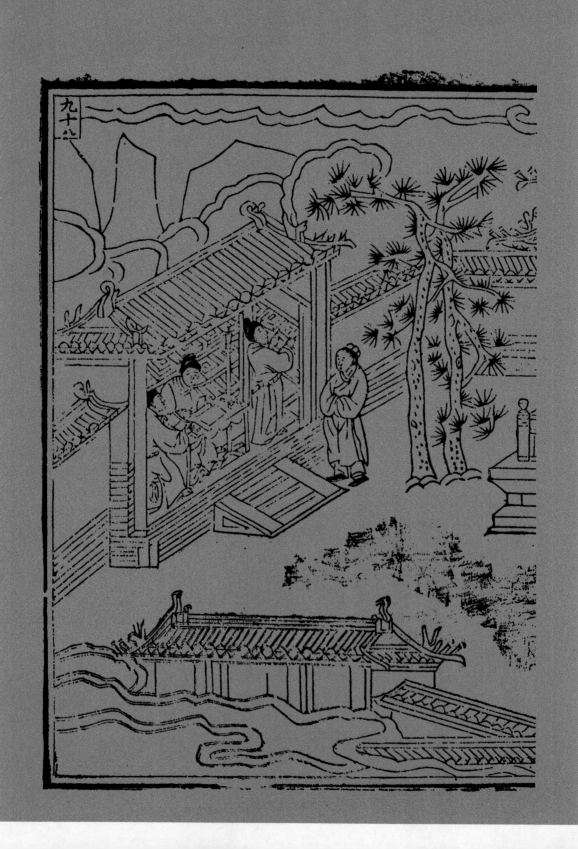

唐史紀太宗於弘文殿聚四部書。二十餘萬卷置宏文館於殿側。精選天下文學之士虞世南。褚亮。姚思廉。歐陽詢。蔡允恭。蕭德言等。以本官兼學士。令更日宿直聽朝之隙。引入内殿講論前言往行。商確政事或至夜分乃罷

解唐史上。記太宗於宏文殿内。聚經史子集書四部有二十餘萬卷。又於殿旁開設一館就叫做宏文館。精選天下文學之士虞世南。褚亮。姚思廉。歐陽詢。蔡允恭。蕭德言等。各以原官兼宏

文館學士。處之館中。還教他輪番宿直。每朝罷便引世南等到内殿。與他講論那書中的言語。古人的行事。或商量那時的政事該何如處。常至夜半纔罷。夫太宗以武定天下而好文如此。蓋戡亂用武致治以文。太宗有見於此。故能身致太平。而爲一代之英主也

上壽黏壁
唐太宗
裴寂

一百

唐史。紀太宗謂裴寂曰。比多上書言事者。朕皆黏之屋壁。得出入省覽。數思治道。或深夜方寢。公輩亦當恪勤職業。副朕此意

解 唐史上。記太宗一日向司空裴寂說道。近日以來。上書奏事者。條件甚多。朕將各衙門條陳的章奏。取其言之當理者。都黏在墻壁上。庶一出一入常接於目。便於朝夕省覽。每思天下至大。治之甚難。如何纔有利於民。如何纔不病於國。思想起來。至不能寐。或到夜深時分纔去安

歟。此朕一念不敢怠荒之心也。公等為國大臣分理庶政，亦當夙夜罔懈，恪供職事，以副朕惓惓圖治之意可也。昔孔子說，為君難，為臣不易。古語說，堯兢兢，舜業業。夫以天下之廣，兆民之衆，若非為君者憂勤惕厲，主治於上，為臣者竭忠盡力，分治於下，欲求治平，豈可得哉。觀唐太宗告褒寀之言，即虞庭君臣交相儆戒之意也。其致貞觀太平之盛也宜哉

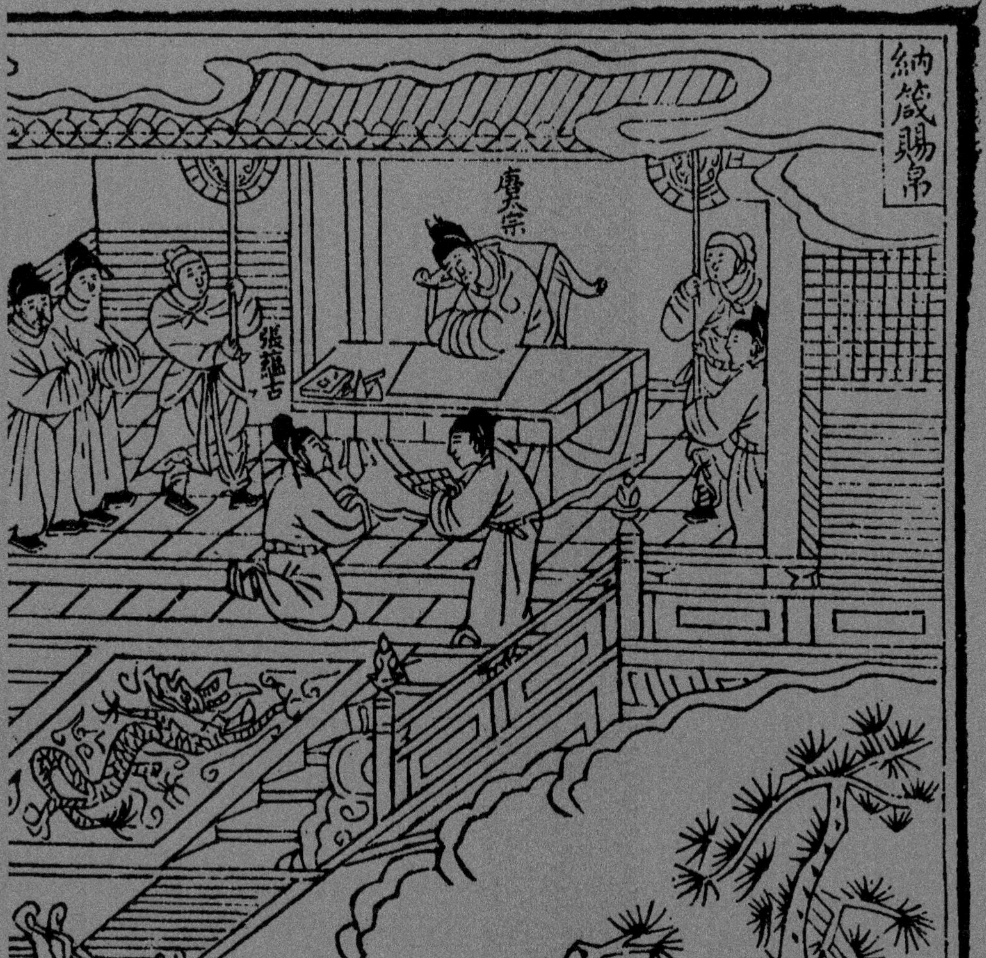
納箴賜帛
唐太宗
張蘊古

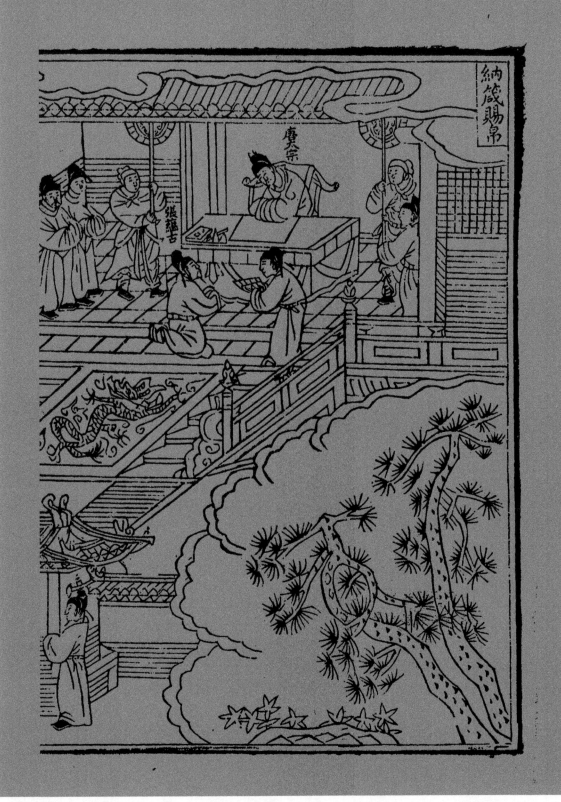

一百二

唐史。紀太宗即位。張蘊古上大寶箴。其略曰。今來古往。俯察仰觀。惟辟作福。爲君實難。聖人受命。拯溺亨屯。歸罪于己。因心于民。大明無私照。至公無私親。故以一人治天下。不以天下奉一人。又謂無知。居高聽卑。又謂何害。積小就大。樂不可極。樂極生哀。欲不可縱。縱欲成災。壯九重於内。所居不過容膝。彼昏不知。瑶其臺而瓊其室。羅八珎於前。所食不過適口。惟狂罔念。丘其糟而池其酒。又内荒於色。又外荒於禽。又貴難得貨。又聽亡國音。又謂我尊而傲賢慢士兮謂我智而拒諫矜已安彼反側如春陽秋露巍巍蕩蕩恢漢高大度撫茲庶事如履薄臨深戰戰慄慄用周文小心詩云不識不知書云無偏無黨衆棄而後加刑衆悅而後行賞勿渾渾而濁勿皎皎而清勿汶汶而闇勿察察而明雖冕旒蔽目而視於無形雖黈纊塞耳而聽於無聲上嘉之賜以束帛除大理丞

解 唐史上記太宗初登極時有一書記官張蘊古上大寶箴一篇大寶是人君所居的寶位箴

是儆戒之辭。人臣不敢直說是箴規天子。故以大寶名箴。這箴中的言語。字字真切。句句有味。從之則為堯舜。反之則為桀紂。人君尊臨大寶。須把這段說話。常常在目。做个箴規。方可以長保此位。所以名大寶箴。太宗深以蘊古之言為善。賜他束帛。陞他做大理寺丞。觀太宗納善之速如此。其所以為唐之令主。而成貞觀之治者。蓋得于是箴為多

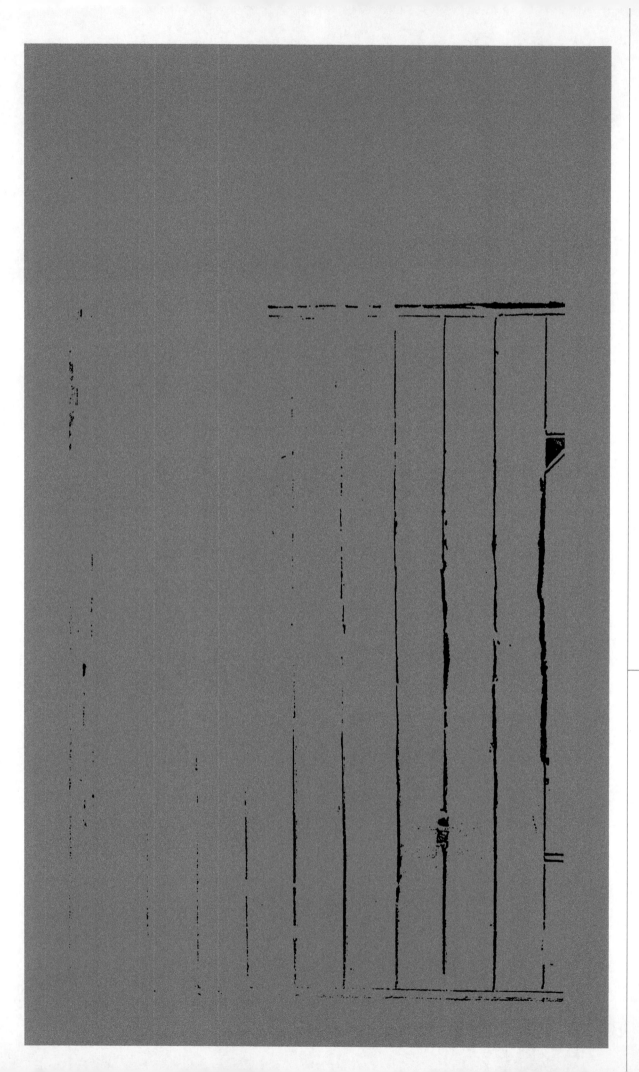

縱鵲毀巢
唐太宗

二百五

唐史。紀太宗時。嘗有白鵲構巢於寢殿之上。合歡如腰鼓。左右稱賀。上曰。我常笑隋帝好祥瑞。瑞在得賢。此何足賀。命毀其巢。縱鵲於野外。

解 唐史上。記太宗時。嘗有白鵲結窩巢於寢殿之上。其巢兩箇合而為一。有合歡之形。又兩頭大。中腰小。恰似那樂器中腰鼓的模樣。左右侍臣都說道。凡物相並。則不能相容。今兩鵲為巢合而為一。形狀殊常。實為希有。此蓋天地和氣所鍾。主上聖德所感。理當稱賀。太宗說。不然。昔隋帝不好賢人。而好祥瑞。至于亡國。我嘗咲他。
以我看來。只是得賢臣。理政事。安百姓。使天下
太平。這纔是真正的祥瑞。至于珎禽奇獸。不過
一物之異耳。何足為瑞。而稱賀哉。遂令人毀其
窩巢。而縱放白鵲於野外。夫天地之間。草木鳥
獸。形質間有殊異者。皆氣化偶然。不足為奇。人
主不察。遂以為瑞。於是小人乘機獻謟。取悦於
上。至有以孔雀為鸞鳳。而誣上行私者矣。人主
好尚。可不謹哉。太宗縱鵲毀巢。誠為超世之見。

而瑞在得賢、尤萬世人君之龜鑑也

敬賢救鴿

一百八
太宗
魏徵

唐史紀。太宗嘗得佳鷂。自臂之。望見魏徵来。匿懷中。徵奏事故久不已。鷂竟死懷中。

【解】唐史上。記太宗一日得箇極好的鷂子。心上喜愛。親自在臂膊上架着。魏徵平日好直言極諫。太宗嘗敬憚他。當架着鷂子的時節。恰好魏徵走来奏事。太宗恐怕他看見。將鷂子藏在自已懷裡。魏徵曉得太宗懷着鷂子。故意只管奏事不止。那鷂子藏的時候久了。畢竟死于懷中。夫太宗尊為天子。偶有臂鷂之失。見了正直的臣。便慚沮掩蔽。如害怕的一般。盖他本是箇英明之主。自知所爲的非禮。故深以爲歉。寧壞了所愛的物而不恤也。僻鷂。是他差處。匿於懷中。是他明處

見圖禁杖
唐太宗

唐史。紀太宗覽明堂鍼灸圖。人五臟之系。咸附于背。詔自今毋得笞囚背

解 唐史上。記太宗一日看明堂鍼灸書。這書是醫家鍼灸治病的方法。內有箇圖形說人腹中心。肝。脾。肺。腎。五臟的系絡。皆附貼于脊背。太宗觀覽此圖。因想起來打人脊背。則五臟震動或致傷命。遂下詔。令天下問刑衙門。自今以後。不許笞杖罪囚的脊背。蓋五刑各有差等。而笞罪為輕。彼罪當處死者。固自有應得之條矣。而於

罪輕者。後笞其背。使或至於死。誠爲不可。太宗天資仁恕。耳目所接。無一念不在生民。故一覽醫方。而不忍之心遂萌。此詔一出。民之免斃於杖下者。不知其幾矣。傳稱太宗以寬仁治天下而於刑法尤謹。信哉

主明臣直
唐太宗
長孫皇后

百十二

唐史紀太宗嘗罷朝。怒曰。會須殺此田舍翁。后問為誰。上曰。魏徵。每廷辱我。后退具朝服。曰。妾聞主明臣直。今魏徵直。由陛下之明故也。妾敢不賀。上乃悅

解 唐史上。記太宗曾一日朝罷還宫。忽發怒說。少間定要殺了這箇田舍翁。田舍翁即俗語說庄家老 時長孫皇后問說陛下要殺誰。太宗說是魏徵。此人不知忌諱。每每當着衆臣僚。攻我的過失。羞辱我。我十分忍受不得。所以要殺他。

長孫皇后有賢德。知道魏徵是箇忠臣。乃退去穿了朝賀的袍服。來對太宗說。妾聞古人云。上有明哲之君。則下有鯁直之臣。今魏徵之直言不阿。由陛下之聖明。能優容之故也。君明臣直。乃千載奇逢。國家盛事。妾敢不稱賀。太宗聞皇后之言。其心乃悅。嘗考自古創業守成之令主。雖聖明天挺。然亦有內助焉。觀長孫皇后之於唐太宗。雖夏之塗山。周之太姒。無以過之矣。太宗外有忠臣。內有賢后。天下安得不太平

縱囚歸獄
唐太宗

唐史紀。太宗親錄繫囚。見應死者憫之。縱使歸家期以来秋来就死。仍勑天下死囚皆縱遣。至期来詣京師。至是九月。去歲所縱天下死囚。凡三百九十人。無人督帥。皆如期自詣朝堂。無一人亡匿者。
上皆赦之

【解】唐史上。記太宗嘗親自審錄罪囚。見那該死的囚犯。心裏憐憫。不忍殺他。都放他回家。看父母妻子。限到明年秋間。着他自来就死。因此又勑令法司。將天下死囚。也都暫放還家。亦限至明年秋裡自來赴京。及至次年秋間前時所放的罪囚。共三百九十人。都感太宗不殺之恩。不要人催督帥領。箇箇都照依期限。齊到朝堂。聽候處决。沒一箇逃亡隱匿下的。太宗見這些因犯依期就死。終不忍殺。盡皆赦之。夫死者人之所甚懼。而犯死之人。必天下之惡人也。人君一施恩德。遂能感激至此。使其死且不避。則人之易感者可知。而凡可報君之德者。必無所不用其情矣。然則人君之治天下。其必以恩德為務哉

望陵毁觀
唐太宗
魏徵

唐史。紀太宗葬文德皇后於昭陵。上念后不已。乃於苑中作層觀以望昭陵。嘗引魏徵同登。使視之。徵熟視之。曰。臣昏眊不能見。上指示之。徵曰。臣以為陛下望獻陵。若昭陵。則臣固見之矣。上泣。為之毀觀

解 唐史上。記太宗貞觀十年。皇后長孫氏崩。謚為文德皇后。葬於昭陵。太宗因后有賢德。思念不已。乃於禁苑中起一極高的臺觀。時常登之以望昭陵。用釋其思念之意。一日引宰相魏徵

同登這層觀。使他觀看昭陵。魏徵思太宗此舉
父當。他的父皇高祖。塟於獻陵未聞哀慕。今乃
思念皇后不已。至於作臺觀以望之。是厚於后
而薄於父也。欲進規諫。不就明言先故意仔細
觀看良久。對說。臣年老眼目昏花。看不能見。太
宗因指昭陵所在。教魏徵看。魏徵乃對說。臣只
道陛下思慕太上皇。故作為此觀以望獻陵。若
是皇后的昭陵臣早已看見了。太宗一聞魏徵
說起父皇。心裏感動。不覺泣下。自知舉動差錯。

遂命拆毀此觀。不復登焉。太宗本是英明之君。事高祖素盡孝道。偶有此一事之失。賴有直臣魏徵。能婉曲以進善言。太宗即時感悟。改過不吝。真盛德事也

撤殿營居
唐太宗

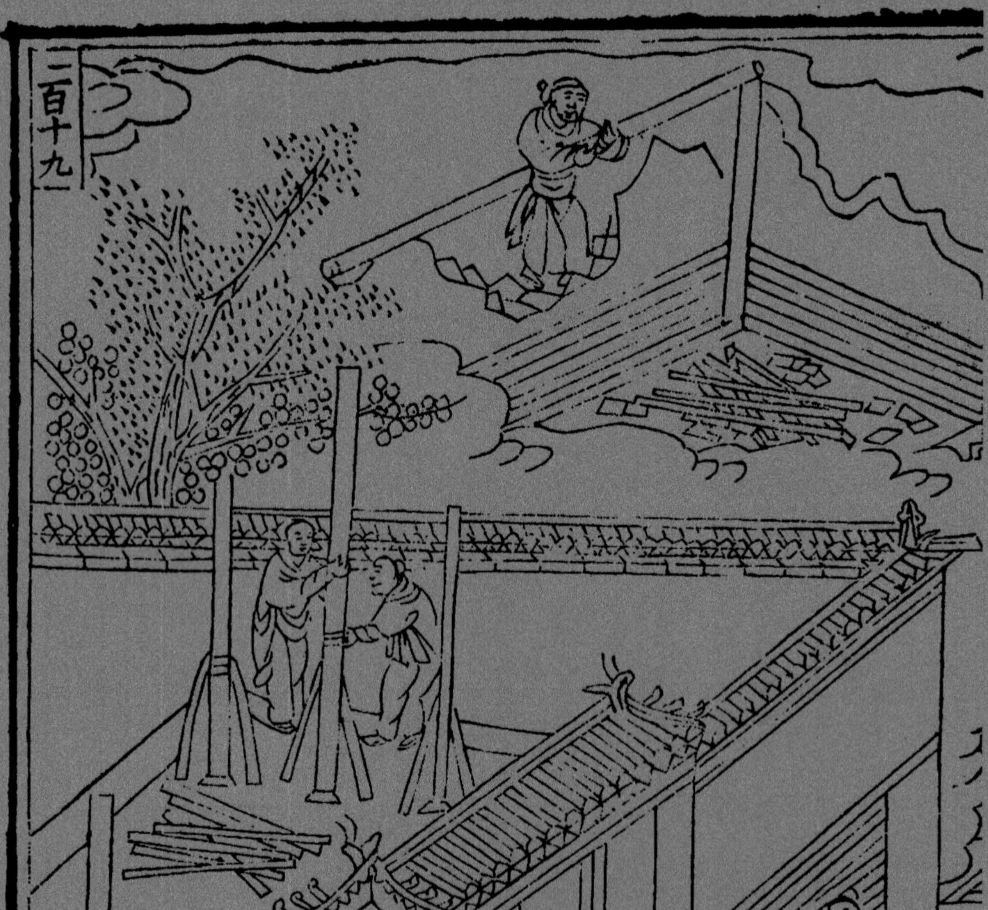
二百十九

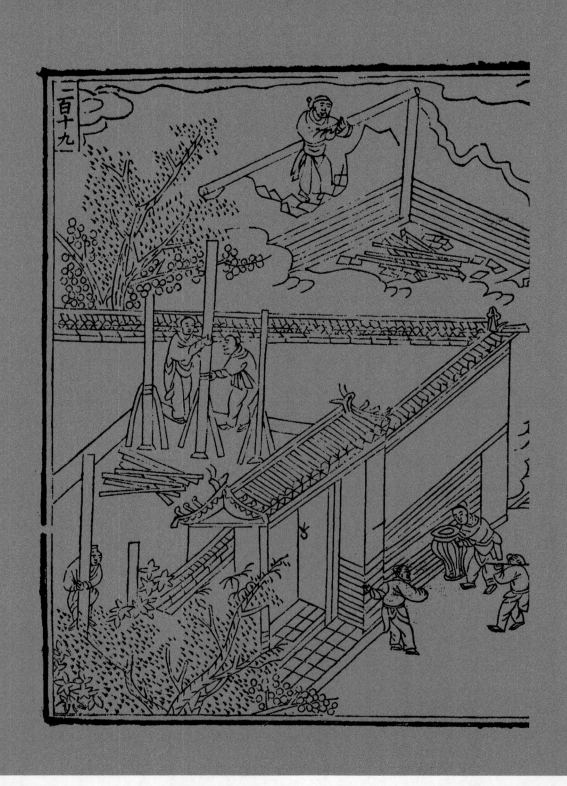

唐史。紀太宗以魏徵宅無堂。命輟小殿之材以構之。五日而成。仍賜以素屏褥几杖等。以遂其所尚。徵上表謝。上手詔曰。處卿至此。盖為黎元與國家。何事過謝

解 唐史上。記太宗時的大臣。只有箇魏徵能盡忠直諫。太宗也極敬重他。一日聞魏徵所住的私宅。止有旁室。沒有廳堂。那時正要盖一所小殿。材料已具。遂命撤去與魏徵起盖廳堂。只五日就完成了。又以徵性好儉朴。復賜以素屏褥

几杖等物以遂所好尚。徵上表稱謝。太宗手詔答曰。朕待卿至此。蓋。為社稷與百姓計。何過謝焉。夫以君之於臣。有能聽其言。行其道。而不能致敬盡禮者。則失之薄。亦有待之厚。禮之隆。而不能諫行言聽者。則失之虛。又有賞賜及于匪人。而無益于黎元國家者。則失之濫。而人不以為重矣。今觀太宗之所以待魏徵者。可謂情與文之兼至。固宜徵之盡忠圖報。而史書之以為美談也

面斥佞臣
太宗
宇文士及

一百廿一

唐史紀太宗嘗止樹下。愛之。宇文士及從而譽之不已。太宗正色曰。魏徵嘗勸我遠佞人。我不知佞人是誰。意疑是汝。今果不謬。士及叩頭謝

解唐史上。記太宗一日退朝之暇。曾閒行到一樹下。見其枝葉茂盛。心頗愛之。是時宇文士及在傍。要阿奉太宗的意思。就將那株樹。稱譽不止。太宗覺得士及是箇便佞的人。心裏厭他。因正色而斥之說道。往日魏徵嘗勸我斥遠佞人。我不知今朝中那一箇是佞人。但心裏也疑是

你自今觀之。一樹之微。何足稱譽。其曲意承順如此。所謂佞人。非汝而誰。平日所疑。果不謬也。士及惶恐叩頭謝罪。嘗觀孔子有言曰。惡利口之覆邦家。又曰。遠佞人。蓋便佞之人。專一窺伺人主的意思。巧於奉承。哄得人主心裏喜悅。就顛倒是非。變亂黑白。賊害忠良。報復讐怨。如費無忌。江充之倫。把人家君臣父子都離間了。終至於骨肉相殘。國家傾敗而後已。是以聖人深以為戒。如飲酖毒。如避蛇蝎。不敢近他。如唐太宗之面斥宇文士及。可謂正矣。然終不能屏而遠之。則亦豈得為剛明之主哉。然佞人亦難識。但看他平日肯直言忠諫的。就是正人。好阿意奉承的。就是佞人。以此辨之。自不差矣

◎

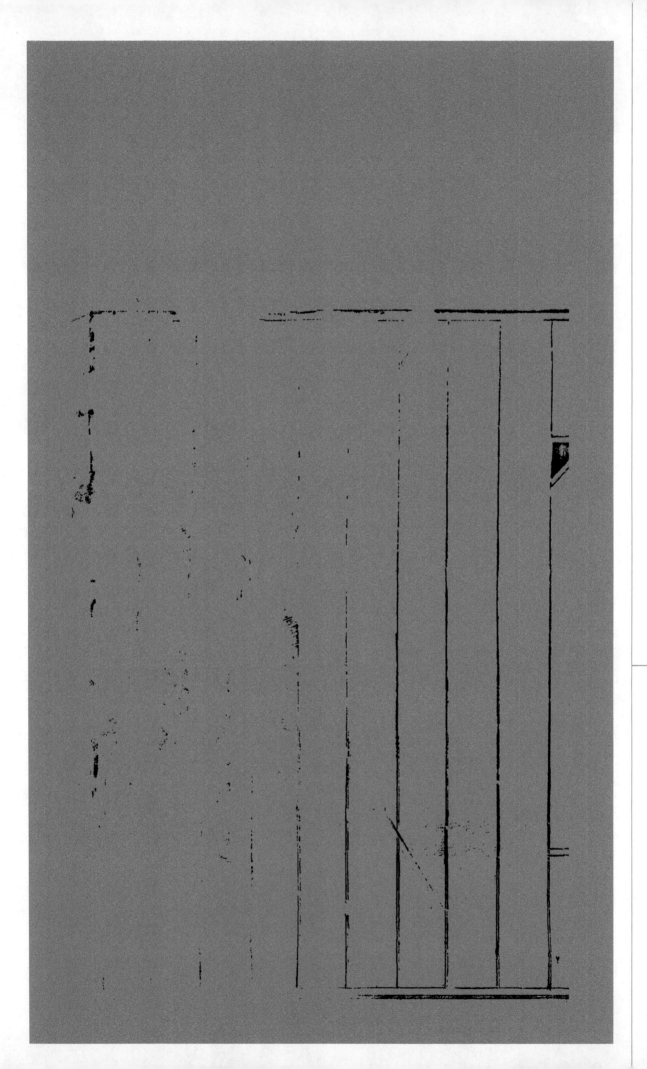

剪鬚和藥
唐太宗
李勣

一百卅四

唐史。紀太宗時。李世勣常得暴疾。方云。鬚灰可療。上剪鬚為之和藥。世勣頓首出血泣謝。上曰。朕為社稷。非為卿也。何謝之有

解 唐史上。記太宗時。有功臣李世勣得箇暴病。醫方上說。用人鬚燒灰。可治此病。太宗只要世勣的病好。遂將自己的鬚剪與他合藥。世勣病愈。感帝之恩。叩頭出血。涕泣而謝。太宗說。朕賴卿以安社稷。卿安。則社稷安矣。朕剪鬚以治卿病。乃是為社稷計。不為卿一人之私也。何謝之

有孟子曰。君之視臣如手足。則臣視君如腹心。太宗憂世勣之病。至親剪其鬚以療之。誠不啻若手足之愛矣。爲之臣者。安得不竭忠盡力。奮死以圖報哉

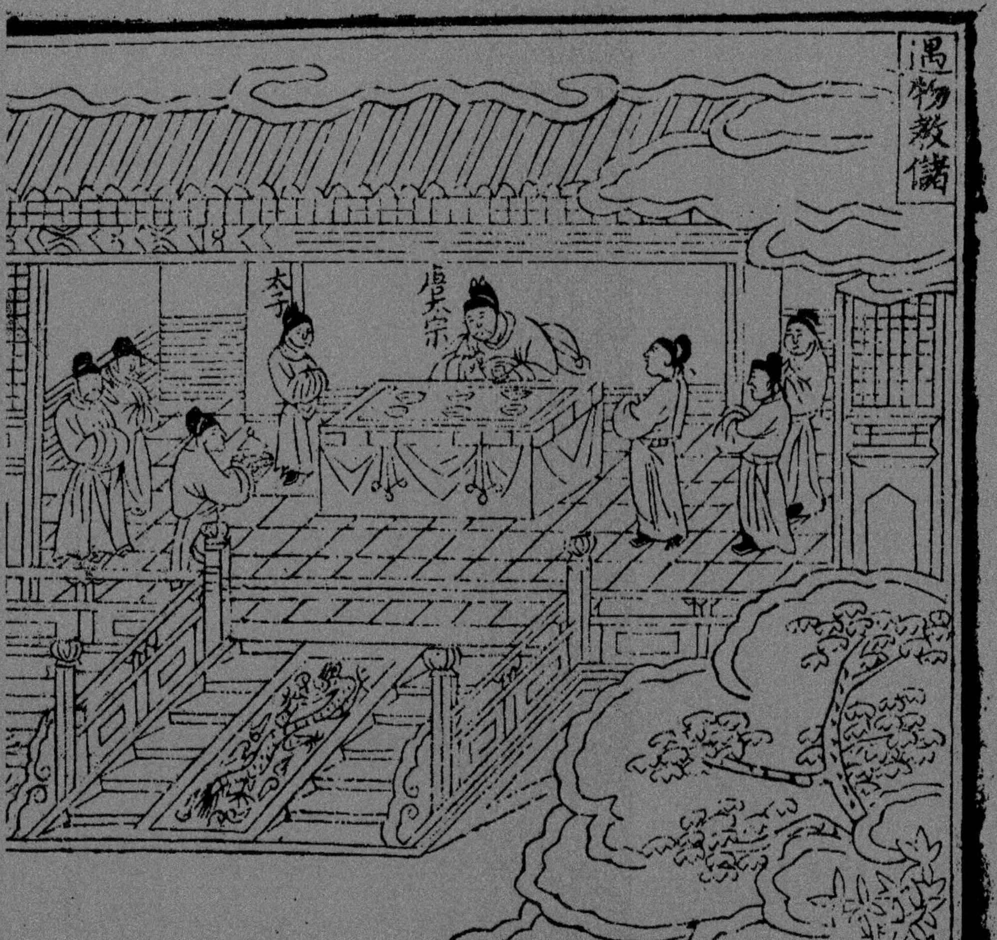
遇物教儲
太子
太宗

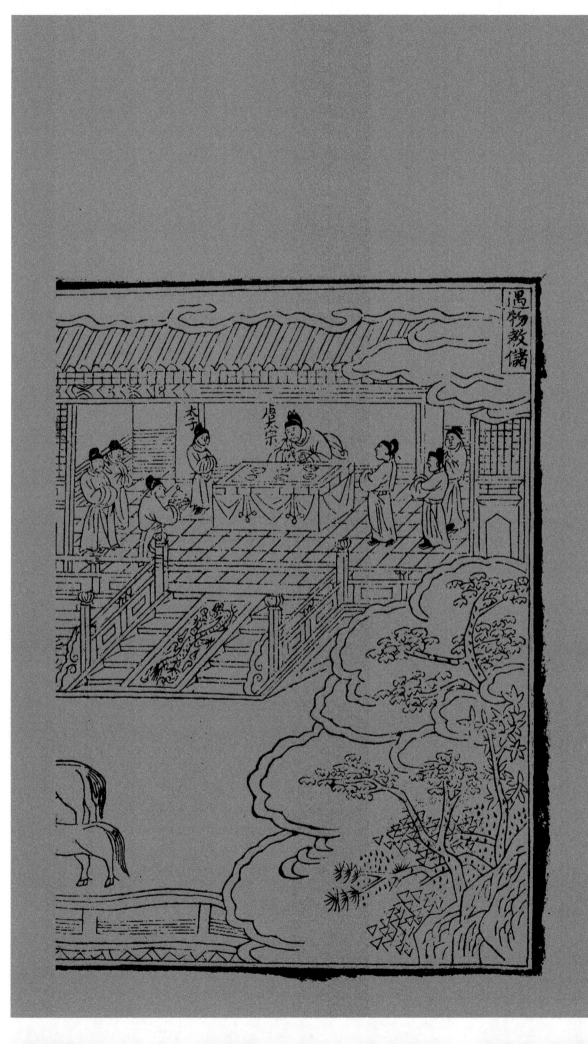

二百廿六

◎

唐史。紀太宗自立太子。遇物則誨之。見其飯。則曰。汝知稼穡之艱難。則常有斯飯矣。見其乘馬。則曰。汝知其勞。而不竭其力。則常得乘之矣。見其乘舟。則曰。水所以載舟。亦所以覆舟。民猶水也。君猶舟也。見其息於木下。則曰。木從繩則正。后從諫則聖。

（解）唐史上記太宗自立晉王爲太子。凡遇一物一事。必委曲誨諭之。以啓發他的志意。如見太子進膳。就教之說。農夫終歲勤苦。耕耘收穫種得穀成。方有此飯。汝若用飯之時。即念稼穡艱難。此飯不容易得。推此心去體恤農夫。節省用度。則上天必監汝有惜福之智。而多降天祿。使汝常得用此飯矣。如見太子乘馬。就教之說。馬雖畜類。亦具知覺之性。所當愛惜。汝若乘馬之時。即念此馬之勞。馳驅有節。不盡其力。則上天必監汝有愛物之仁。而貴畀萬乘。使汝常得乘此馬矣。如見太子乘舟。就教之說。水本以載舟。故舟藉水以運。然而水亦能覆舟。則舟不可倚水為安。那百姓每就譬之水一般。為君上的譬之舟一般。君有恩德及民。則民莫不戴之為君。若是暴虐不恤百姓。則人亦將視之為寇讐而怨叛之。譬之於水。雖能載舟。亦能覆舟。不可不慎也。如見太子息陰于木下。就教之說。木生来未免有灣曲處。惟經匠氏繩墨。則斵削的端正。可為宫室器物之用。人君生長深宫。未能周知天下之務。豈能件件不差。惟虚心聽從那輔弼諫諍之臣。則智慮日明。歷練日熟。遂能遍知廣覽而成聖人矣。這是書經上的說話。不可不知也。唐太宗之教誨太子。其用心諄切如此。蓋太子乃天下之本。欲成就其德。惟在教誨周詳。所以唐太宗特加意于此。其深謀遠慮。真可爲萬世法也

遣歸方士

一百九
李勣
唐高宗

唐史紀。太宗時。天竺方士娑婆寐。自言有長生之術。上頗信之。發使詣婆羅門諸國采藥。藥竟不就。乃放還。高宗即位。復詣長安。上復遣歸。謂宰相曰。自古安有神仙。秦始皇漢武帝求之。卒無所成。果有不死之人。今皆安在。李勣對曰。此人再来。容髮衰白。已改於前。何能長生。竟未及行而死

【解】唐史上記太宗時。西域天竺國有箇方外的道士。叫做娑婆寐。自已說他有長生不老的藥方。太宗初信其言。發人去往婆羅門諸國採取

藥物、着他製藥、竟不能成乃遣他還歸本國。及
至高宗即位。這方士又到京師。以其方術見上、
高宗不納仍復遣還因與宰相說道自古生必
有死神仙之說都是虛誕昔時秦始皇漢武帝、
為求神仙。費了一生心力。到底沒一些効驗若
使世果有長生不老之人。今皆何在。李勣對曰。
此人這一番來容貌衰老鬢髮盡皓白。與前次不
同。他若有仙方。何不自家服食延年。而衰老如
此。其妄誕可知矣後果不及還家而死。由此觀

二

之神仙之説。原是諂諛之人。干求恩寵。見得天子之富貴已極。無足以動其意者。惟有長生一事。不可必得。遂託為渺茫玄遠之説。以歆動人主之意。是以為秦皇求仙藥者。有徐福輩。入海不返。為漢武求仙方者。有欒大等。無功被誅。即此二事。可為明驗。然惟清心寡慾。節慎于飲食起居之間。自可以完固精神。增益年壽。如五帝三王。享國長久。垂名萬世。不亦美乎

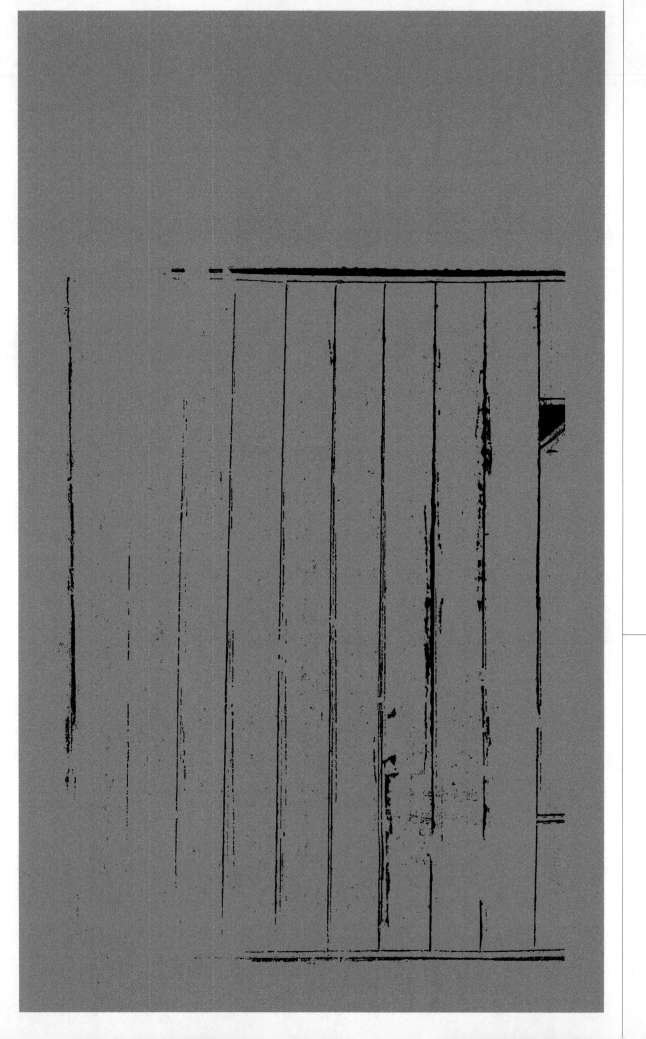

錦銷金
唐玄宗

宣王

唐史紀玄宗以風俗奢靡制乘輿服御金銀器玩令有司銷毀以供軍國之用其珠玉錦繡焚於殿前后妃以下皆毋得服珠玉錦繡天下更毋得采珠玉織錦繡等物罷兩京織錦坊

唐史上記玄宗初年因見當時風俗奢侈華靡心甚惡之欲痛革其弊乃詔凡上用服御器玩係是金銀粧飾打造的令有司盡行銷毀卻將這金銀就充朝廷軍國的費用其內府所積珠玉錦繡都取在殿前用火燒了以示不用又

以後宫不先禁止。外面人未免效尤。乃詔后妃
以下。勿得用珠玉錦繡為服飾。又詔天下官民
人等。再不許采取珠玉。織造錦繡等物。兩京舊
日有織錦坊。也命撤去了。不復織造。蓋珠玉錦
繡徒取觀美。其實是無益之物。人君喜好一萌。
必至徵求四方。勞民傷財。無所不至。又且天下
化之。習尚奢侈。漸至民窮財盡。貽害不小。玄宗
初年刻勵節儉如此。所以開元之治。大有可觀
到後來還不免以奢取敗。可見靡麗之物容易

溺人。而人主持志不可不堅也。

百卄四

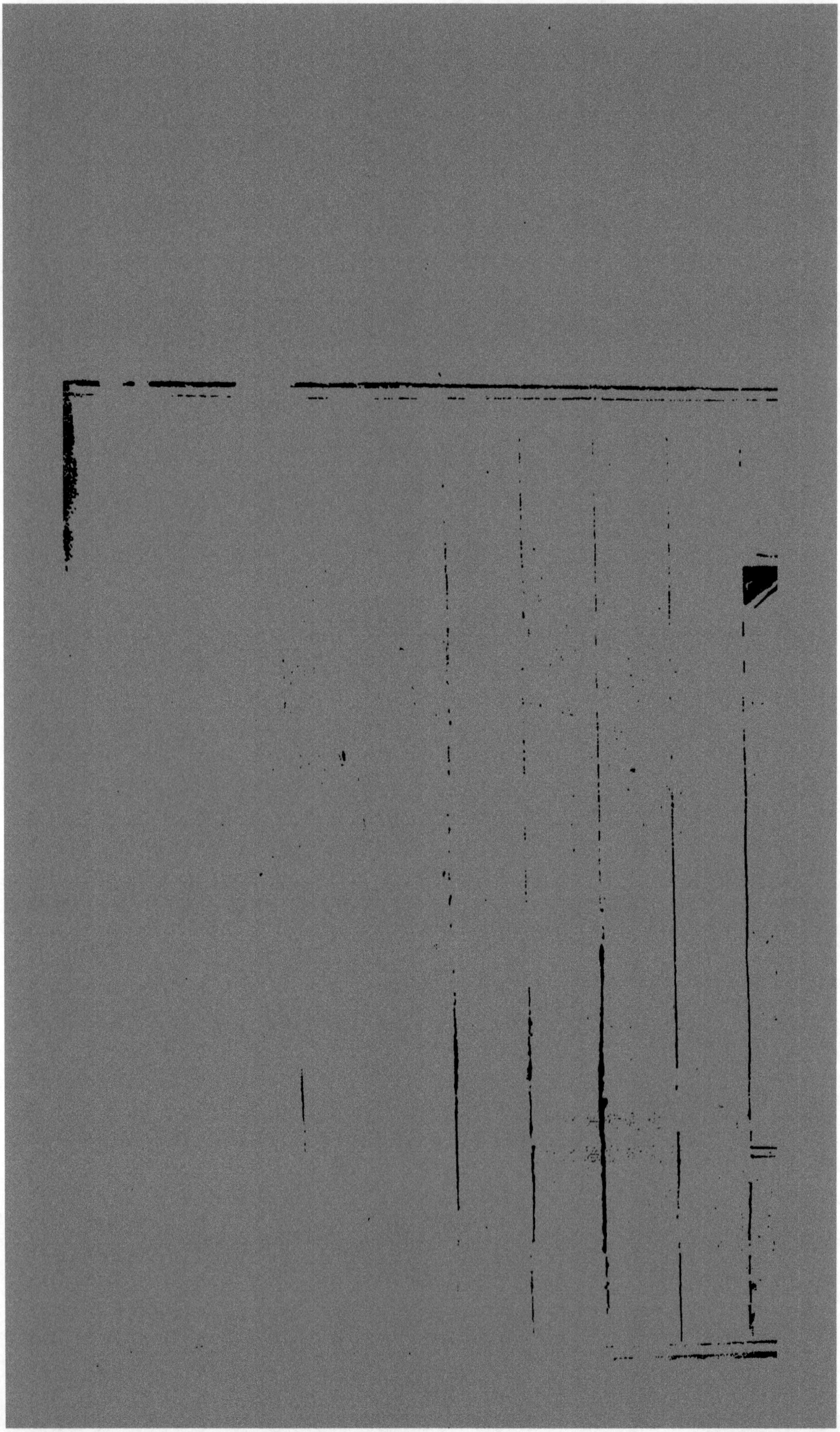

委任賢相
唐玄宗
姚元之

百廿五

唐史。紀玄宗初即位。勵精為治。以姚元之為相。每事訪之。元之應答如響。同僚皆唯諾而已。故上專委任之。元之嘗奏請序進郎吏。上仰視殿屋。再三言之。終不應。元之懼。趨出。罷朝。高力士諫曰。陛下新總萬幾。宰臣奏事。當面加可否。柰何一不省察。上曰。朕任元之以庶政。大事當奏聞共議。郎吏卑秩。乃以煩朕耶。會力士宣事至省中。為元之道上語。元之乃喜。聞者皆服上識人君之體

【解】唐史上。記玄宗即位之初。勵精圖治。知道姚

元之是箇賢臣。以他為宰相。每事必訪問他。元之素有才能。練達政事。隨問隨荅。如響之應聲。同僚官皆不能及。但從後唯諾而已。於是玄宗專意委任之。一日元之面奏。請以次序陞轉郎官。玄宗不荅應他。只仰面看着殿屋。元之又再三奏請。玄宗終不荅應。元之只說玄宗怪他。恐有得罪。不敢再奏。趨走而出。及朝罷。内侍高力士諫說。陛下新總萬幾。宰相奏事。宜面定可否。何故只仰看殿屋。通不禮他。玄宗說。我將國家

的事。都付託與元之。委任至重。惟大事當奏聞
我與他商議。令郎吏小官。也来一一奏請。豈不
煩黷耶。這是玄宗專任宰相的意思。元之却不
知。心懷疑懼。適遇高力士以傳奉旨意事到中
書省中。將玄宗的言語。備悉說與元之。元之心
上纔喜。群臣聞之。都說玄宗不親細事。而委任
賢相。得為君之體也。然人主須是真知宰相之
賢。乃可以委任責成。不勞而治。若不擇其人。而
輕授以用舍之柄。將至於威權下移。奸邪得志。

其為害又豈淺淺哉。故帝王之德。莫大於知人。
而治亂之機。惟視其所任。人主不可不慎也

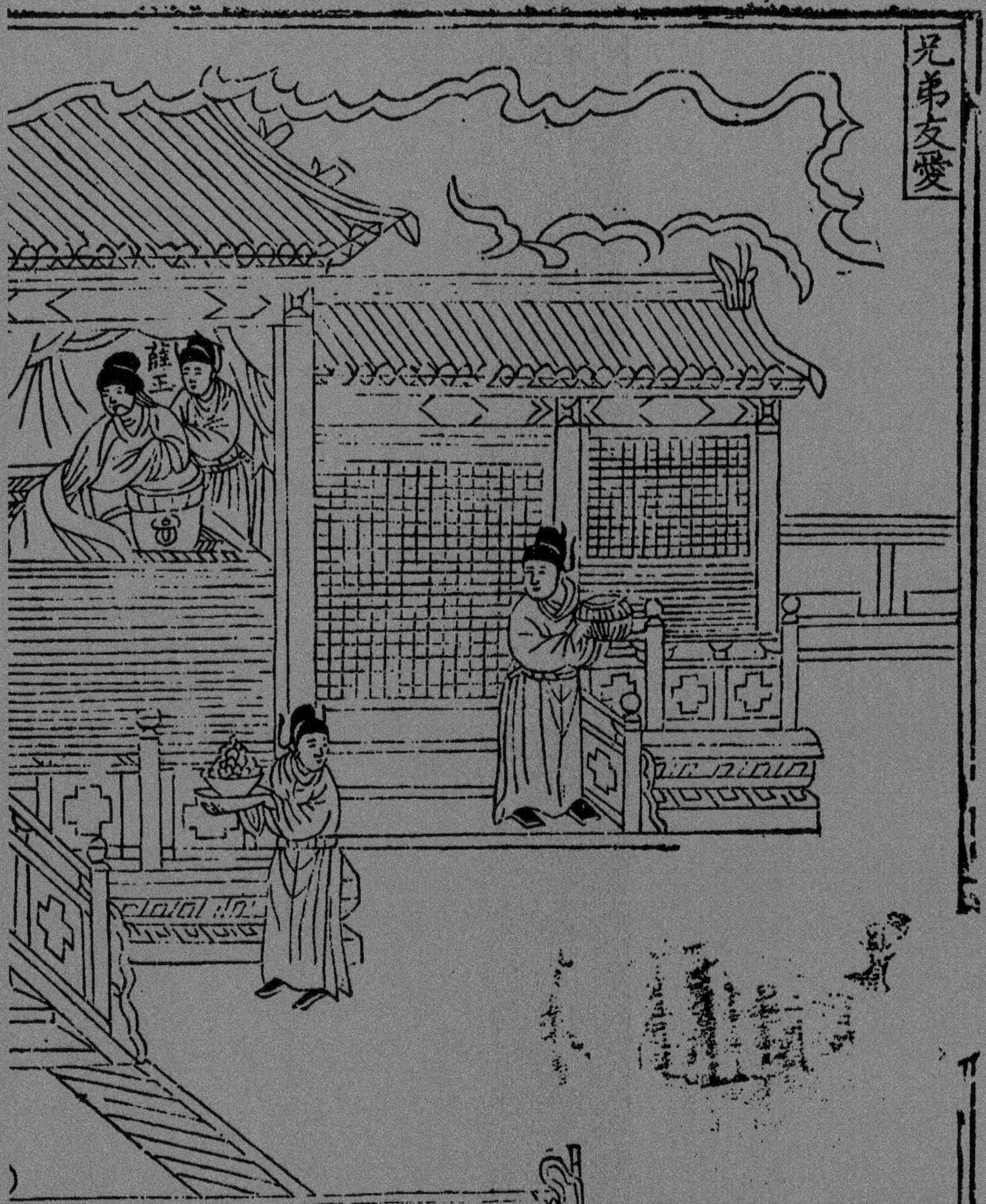
兄弟友愛
薛王

唐玄宗

唐史。紀玄宗素友愛。初即位。為長枕大被。與兄弟共寢。飲食起居。相與同之。薛王業有疾。上親為煮藥。火爇上鬚。左右驚救之。上曰。但使王飲此藥愈。鬚何足惜

【解】唐史上。記玄宗與他兄弟諸王。極相友愛。到做了天子。也不改變。初登寶位。即製為長枕大被。與諸兄弟每一處宿歇。飲食行坐都不相離。少弟薛王名業曾染疾病。玄宗自己替他煎藥。鑪內火被風吹起來。燒着玄宗的鬚。左右驚慌

上前救之。玄宗說。但願薛王服了這藥。病得痊可我之鬚何足惜。其友愛之切如此。夫兄弟本是同胞所生。故大舜待弟。親之欲其貴。愛之欲其富。至于一憂一喜莫不與共。玄宗身為天子。能這等篤于友愛。亦可謂賢君矣

召試縣令
唐玄宗

一百四十

唐史。紀玄宗悉召新除縣令至殿庭。試理人策。惟韋濟詞理第一、擢為醴泉令。餘二百人不入第。且令之官。四十五人放歸學問。又。敕京官五品以上。外官刺史、各舉縣令一人。視其政善惡為舉者賞罰

【解】唐史上。記玄宗以縣令係親民之官。縣令不好。則一方之人皆受其害。故常加意此官。是時有吏部新選的縣令二百餘人。玄宗都召至殿前、親自出題考試。問他以治民之策。那縣令所

對的策。惟有韋濟詞理都好。取居第一。拔為京畿醴泉縣令。其餘二百人。文不中第。考居中等。姑令赴任。以觀其政績何如。又四十五人。考居下等。放回原籍學問。以其不堪作令。恐為民害也。又敕令在京五品以上官。及外面的刺史。各舉他所知的好縣令一人。奏聞於上。既用之後遂考察那縣令的賢否。以為舉主的賞罰。所舉的賢。與之同賞。所舉的不肖。與之同罰。所以那時縣令。多是稱職。而百姓皆受其惠。以成開元

之治。今之知縣。即是古之縣令。欲天下治安。不可不慎重此官也

聽諫散鳥

百四十二
唐玄宗

唐史。紀玄宗嘗遣人詣江南。取鵁鶄鸂鶒等欲置苑中。所至煩擾。汴州刺史倪若水上言。今農桑方急。而羅捕禽鳥。陸水轉送。道路觀者。豈不以陛下為賤人而貴鳥乎。玄宗手敕謝之。縱散其鳥

【解】唐史上。記玄宗嘗遣使臣往江南地方。採取鵁鶄鸂鶒等水鳥。畜養於苑中。以恣觀戲。時使臣所到的去處。百姓每不勝擾害。有汴州刺史倪若水。上書諫說。如今江南百姓。衣食不足。飢寒過半。方務農採桑。以耕織為急。而朝廷之上。

乃使之羅捕禽鳥水陸轉運。遠至京師。負累小民騷擾地方。那路上人看見的。豈不說陛下輕視民命。重視禽鳥。為賤人而貴鳥乎。何故為此不急之務。好此無益之物。以虧損聖德也。玄宗一聞若水之言。深合於心。即發手敕一道謝之。因縱散其鳥不復採捕。嘗聞召公之訓武王曰。不貴異物賤用物。民乃足。又曰。珍禽奇獸不育於國。人主之好尚。不可不審也。玄宗愛鳥。近於禽荒。一聞若水之言。即命散之。可謂從諫如流矣。然不但禽鳥一事。但凡人主喜好那一件物即為地方之害。蓋官吏奉承。指一科十。半入公家。半充私槖。甚至嚴刑峻罰。催督苛擾。百姓每至於鬻男兒賣女。傾家蕩產。其害可勝言哉。惟人主清心寡慾。一無所好。只着百姓每納他本等的賦稅。則黎元皆得休息。天下自然太平矣

啗餅惜福
太子
唐玄宗

唐史紀。肅宗為太子。嘗侍膳。有羊髀臑。上顧太子使割。肅宗既割。餘汙漫刃。以餅潔之。上熟視不懌。肅宗徐舉餅啗之。上大悅。謂太子曰。福當如是愛惜

解 唐史上。記肅宗為太子時。曾在宮中親侍他父皇玄宗進膳。蓋問安侍膳。乃太子之禮也。那席間有一塊羊髀臑。音猱髀小節間肥肉也玄宗欲食之。顧視肅宗。着他親自割切。肅宗承命。就用刀割切了。因刀刃上有些羊脂汙漫。取一

塊餅將刀揩得潔淨。玄宗見餅乃食物。而以之拭刀為可惜。注目看着他。有不悅之色。肅宗從容舉起那餅。放在口中喫了。不敢拋棄。玄宗方纔大喜。遂對肅宗說道。凡人福祿有限。應當如此愛惜。大抵自天子以至庶人。福分雖有大小。然皆以撙節愛惜。而得長久。暴殄靡費。必致短促。譬之井泉。徐徐汲取。則其來無窮。用之不盡若頓行打汲。則頃刻之間。立見其乾竭矣。所以自古聖賢之君。雖尊居九重。富有四海。而常服浣濯之衣。不食珎奇之味。减省服御。愛養民力。故得壽命延長。國祚綿遠。彼齊後主。隋煬帝之流。竭萬民之膏血。以供一人之欲。如恐不足。一旦福窮祿盡。身喪國亡。豈不可悲也哉。唐玄宗惜福二字。誠萬世人主之龜鑑也

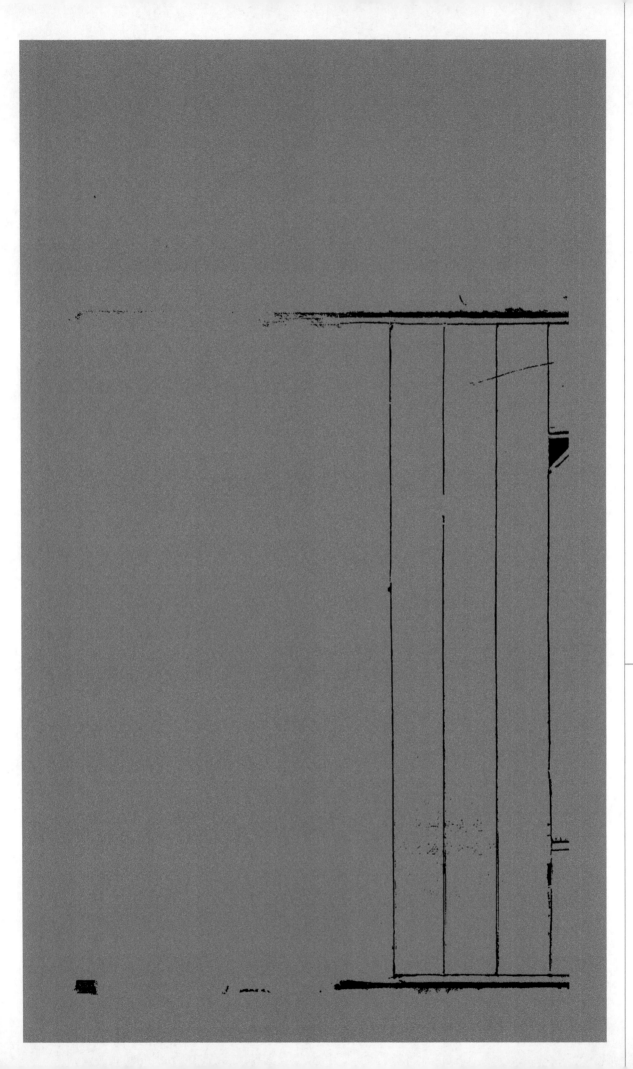

燒梨聯句
潁王
信王
唐肅宗
李泌

百四九

唐史。紀肅宗召處士李泌于衡山。至。舍之内庭。嘗夜坐地爐燒二梨以賜李泌。潁王恃寵固求。上不許。曰。汝飽食肉。先生絶粒。何爭耶。時諸王請聯句。潁王曰。先生年幾許。顔色似童兒。信王曰。夜枕九仙骨。朝披一品衣。一王曰。不食千鍾粟。惟飡兩顆梨。上曰。天生此間氣助我化無爲。後肅宗恢復兩京。泌之策爲多。至德宗時拜相。時人方之張子房

解 唐史上。記處士李泌有道行。隱居嵩山。曾侍肅宗於東宮。及肅宗即位。遣人各處求訪。得之

於衡山。既到。待以賓友之禮。就着他在內殿居住。便於諮訪。曾一寒夜。肅宗坐地爐。自燒兩箇梨以賜李泌。穎王年幼。倚着肅宗寵愛。要這燒的梨喫。肅宗不肯與他。說道。你終日飽食肉味。先生休糧絕粒。不喫煙火食。故我以此梨賜之。如何來爭。穎王乃止。此時諸王因請聯詩以贈李泌。穎王先倡一聯云。先生年幾許。顏色似童兒。說李泌年紀多少。而顏色美好只如童子一般。此美其有道養形。異於常人也。信王接一聯云夜枕九仙骨。朝披一品衣。說李泌夜間則枕九仙的骨睡着。晝間則穿一品極貴的衣服。此美其以隱逸而兼尊貴也。有一王又接一聯云。不食千鍾粟。惟飡兩箇梨。說李泌固辭相位。不肯受千鍾俸禄。惟今夜二梨之賜。則受而食之。此美其高尚之志也。於是肅宗湊成末聯云。天生此間氣助我化無為。說李泌非是凡人。乃上天間氣所生。以助我成無為之化也。其後肅宗收復兩京。平安史之亂。李泌之謀策居多。至德宗時爲宰相。功業尤著。時人把他比漢時張子房爲神仙宰相也。夫李泌一山人爾。而肅宗乃呼爲先生。稱爲閒氣。至親燒梨以賜之。此所謂以天子而友匹夫者也

不受貢獻
唐德宗

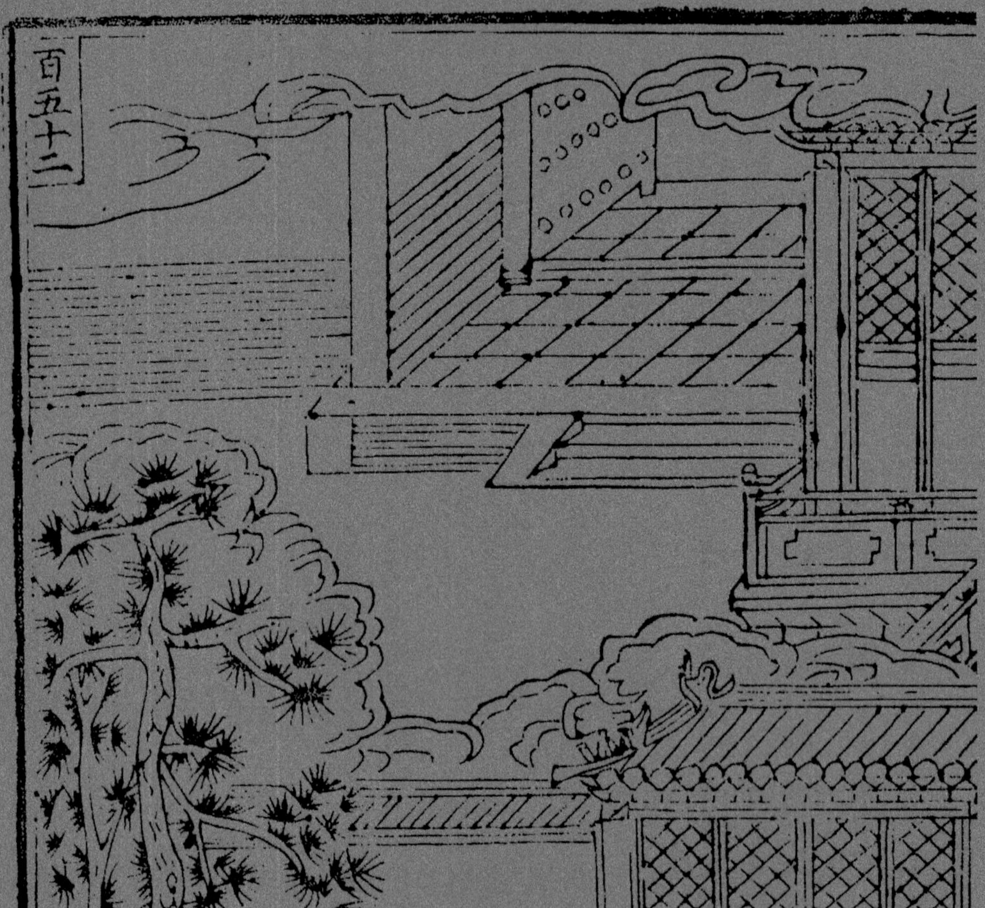
百五十二

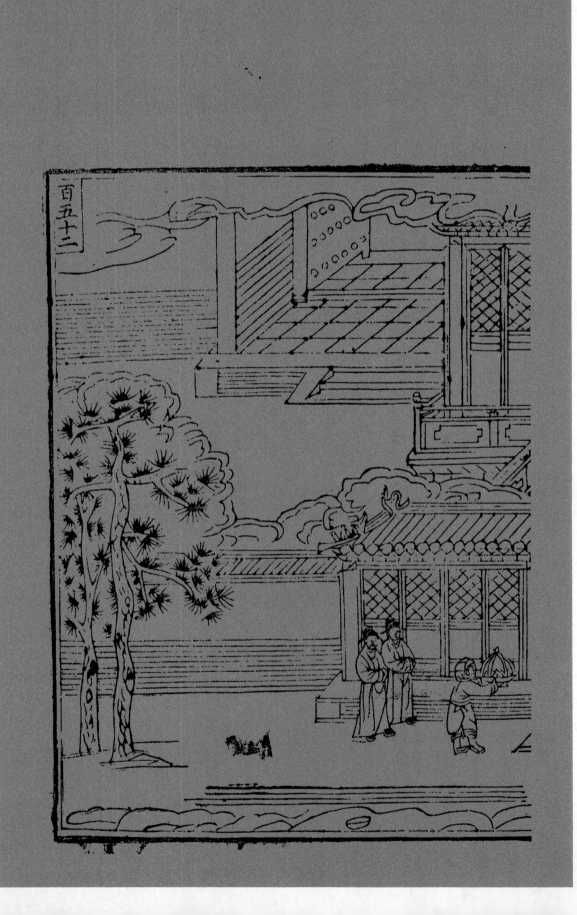

唐史。紀憲宗初即位。昇平公主獻女口。上曰。上皇不受獻。朕何敢違。遂却之。荆南獻毛龜。詔曰。朕永思理本。所寶惟賢。至如嘉禾。神芝。珎禽奇獸皆虛美爾。所以春秋不書祥瑞。自今勿復以聞。其有珎奇。亦毋得進

解 唐史上。記憲宗初即帝位。昇平公主獻婦女十五人進宮答應憲宗說道。我父皇在時。不受人的貢獻。朕何敢違其教。遂却而不受。又荆南地方獻兩箇綠毛龜憲宗又下詔書。却之。說道

朕長思治道之本。惟賢人為可寳。取其能安國家。利百姓也。至如嘉禾靈芝。珎禽奇、獸。徒為耳目觀美、都是無用之物。何足寳乎。所以孔子作春秋之書。並、不曾記一件祥瑞。正以其無益也。自今以後。天下有司。再勿以祥瑞奏聞。其有珎禽奇獸。如毛龜之類者。亦不許進獻。蓋天下之物。恒聚於所好。而聲色祥瑞珎奇三件。尤人情所易溺者。人主一有所好。則邪佞小人。遂得以乘其隙而投之。欲端一開。闢之堤防潰决、不可復塞。終至於心志蠱惑。政事荒怠。亡身覆國而不悟。可悲也哉。今憲宗即位之初。即能一切拒絕如此。其高識遠志。誠超出乎尋常萬萬矣

遣使賑恤
唐憲宗
鄭敬

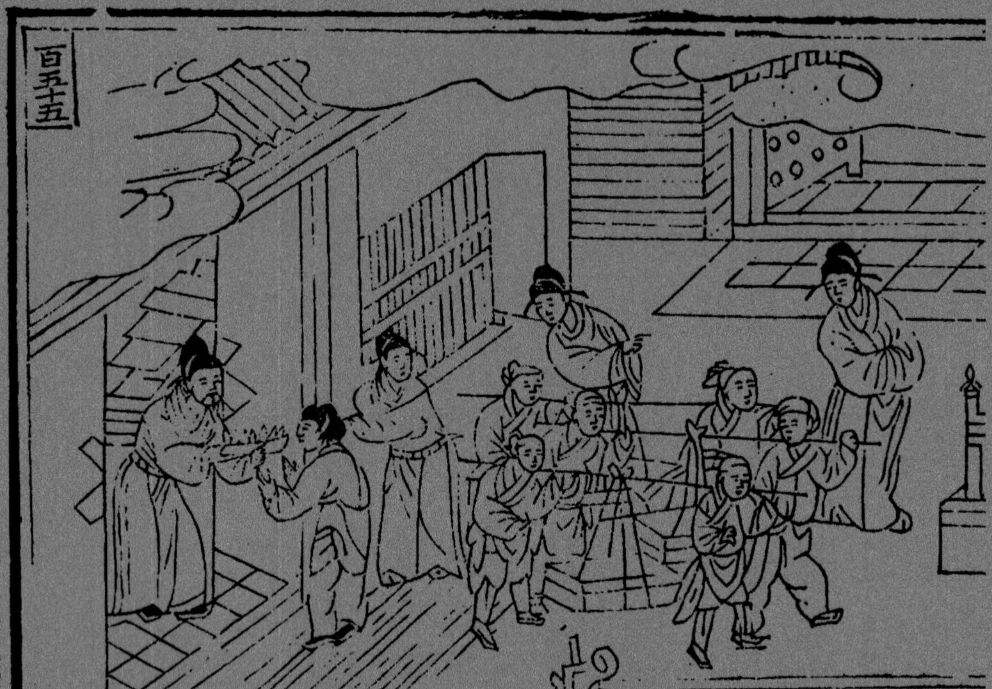
百五十五

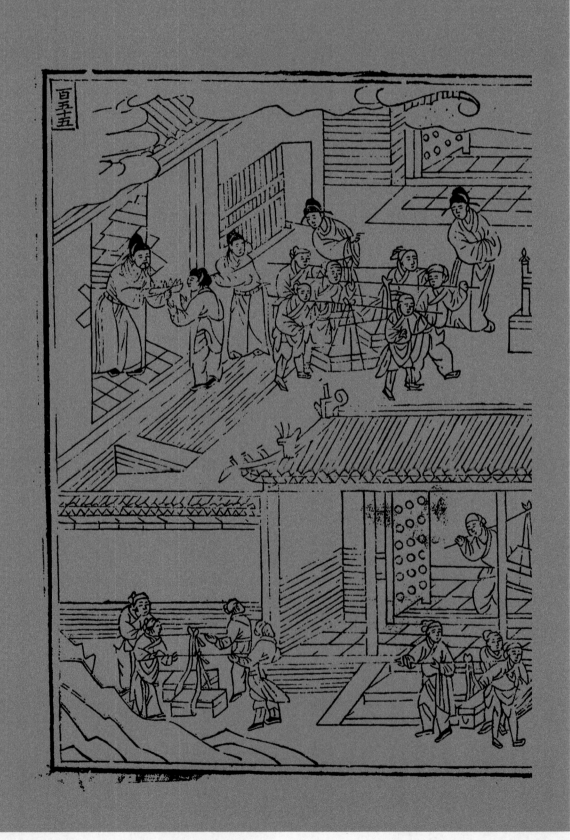

唐史。紀憲宗四年。南方旱飢。命左司郎中鄭敬等。爲江淮兩浙荆湖襄鄂等道宣慰使。賑恤之。將行。上戒之曰。朕宮中用帛一匹。皆籍其數。惟賙救百姓。則不計費。卿輩宜識此意。勿效潘孟陽飲酒遊山而已

解 唐史上。記憲宗四年。南方大旱。百姓飢荒。憲宗命左司郎中鄭敬等。爲江淮。兩浙。荆湖。襄鄂等處。各道宣慰使之官。分頭去賑濟飢民。鄭敬等奉命將行。辭朝。憲宗戒諭他說。朕於宮中用

虞。雖一帛之微。必登記其數。惟恐浪費。獨於賙濟百姓。則不計所費。雖多弗惜。蓋以民命為重。必使百姓受惠。而庫藏盈縮。所不暇計也。卿等此行。宜體朕此意。凡所至飢荒之處。務要量其輕重。備查戶口。逐一散給。必使百姓每箇箇都霑實惠纔好。若前此所遣潘孟陽。出去只飲酒遊山。而以賑濟委之他人。全不體朝廷愛民之意。深負委託。卿等切勿效之。蓋國依於民。而民依於食。使民有飢荒。而不為賑恤。則死者固多。

而民心亦離散矣。將何以為國乎。憲宗有見於此。故薄於自奉而厚於恤民。可謂知用財之道。

得保邦之本矣。宜其為有唐之令主也歟

延英忘倦
唐憲宗
李絳
裴度

◎

◎

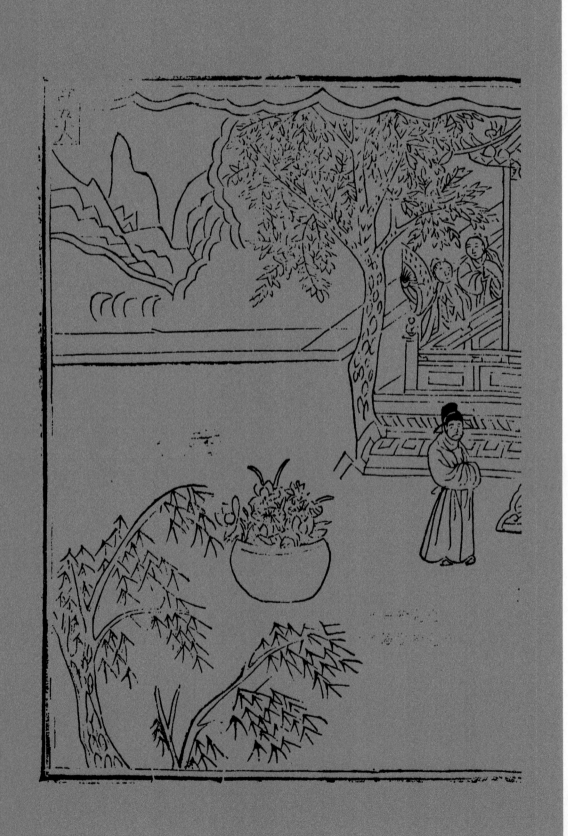

唐史。紀憲宗嘗與宰相論治道於延英殿。日旰暑甚。汗透御服。宰相恐上體倦。求退。上留之。曰。朕入宮中。所與處者。獨宮人近侍耳。故樂與卿等且共談為理之要。殊不知倦也

解唐史上。記憲宗勵精圖治。嘗與宰相講論治天下的道理於延英殿。直到日暮。尚未還宮。天氣又甚暑熱。汗透了上所尚的袍服。宰相李絳裴度。恐上御體勞倦。因求退出。憲宗留之。說道朕回到宮中。所與相處者。不過是宮女及左右

近侍耳。安得對賢士。聞正言。所以每日喜與卿等。且共談論爲治的要務。甚是有益。不知疲倦也。夫人君一日之間。事有萬幾。須是常常接見賢臣。從容講論。方得停當。所以堯舜之時。君臣一體。都俞吁咈于一堂之上。文王自朝至于日中昃。不遑暇食。萬世稱爲聖明之君。今觀憲宗之勤政如此。亦可謂知君道者。宜其能削平僭亂。所向歸服。有光于前烈也

淮蔡成功
唐憲宗
裴度

百六十

唐史。紀吳元濟反淮西。憲宗命發兵討之。是時諸道節度使及宰相李逢吉。皆與元濟交通。多請罷兵。惟裴度力主討賊之議。上曰。吾用度一人。足破此賊。遂以度為相。師累歲無功。度請自詣行營。上許之。度陛辭。言曰。臣若滅賊。則朝天有期。賊在。則歸闕無日。上為之流涕。解通天御帶以賜之。度至淮西。身自督戰。由是諸將效力。李愬夜襲蔡州擒元濟。淮西遂平。韓愈奉詔撰平淮西碑曰。凡此蔡功。惟斷乃成

解 唐史上。記淮西節度使吳元濟造反。憲宗命将發兵去征勦他。當時諸道節度使多有元濟的黨與。朝中宰相李逢吉。也與元濟交通。多替他遊說。奏請罷兵。惟有御史中丞裴度。曉得淮西决然可取。力勸憲宗討賊。憲宗說我只消用裴度一人。就足以破此賊。决不罷兵。遂用裴度做宰相。討賊甚急。出兵已經二年。還未見成功。裴度自願親往淮西營裡督戰。憲宗大喜。就命他充淮西宣慰招討使。裴度臨行辭朝。面奏說臣此去若能滅賊。纔有回来朝見之期。若此賊不滅。臣義在必死。終無歸闕之日矣。憲宗聽說。不覺為他流涕。因解自家東的通天犀帶一條賜他。以寵其行。裴度既到淮西。宣諭朝廷的威令。催諸將進兵討賊。於是諸將人人効力。每戰有功。遂擒元濟。淮西用兵凡累年而不克。羣臣請罷兵者甚衆。若非憲宗之明。獨斷於上。裴度之忠。力贊於下。則淮西幾無成功矣。所以韓愈奉詔撰平淮西碑文紀功。其詞有云。凡此蔡功。

惟斷乃成。蓋美憲宗之能斷而成功也。然則人君欲定大事建大功。豈可以不斷哉

論字知諫
唐穆宗

◎

百六三
柳公權

唐史。紀穆宗見翰林學士柳公權書跡。愛之。問曰
卿書何能如是之善。對曰。用筆在心。心正則筆正。
上默然改容。知其以筆諫也

解唐史上。記穆宗性好寫字。見翰林學士柳公
權寫的字好。愛之。問說。卿寫的如何能這等好。
公權對說。寫字雖在手。用筆實在心。心裏端正。
則筆畫自然端正。公權是箇賢臣。因穆宗問他
書法。就說在心上。見得凡事都從心裏做出來。
況人君一心。萬化本源。若不是涵養的十分純

正發出来的政事豈能一一停當合理這正是以筆諷諫穆宗是箇聰明之君就知他是以筆諫聞之黙然改容起敬可謂善悟矣若能體貼此言真真實實務正其心常用着柳公權這樣人做輔弼之臣少有闕失隨事箴規豈不成一代之明君乎

屏書政要
唐宣宗
令狐綯

一百六十五

唐史。紀宣宗嘗以太宗所撰金鏡録。授翰林學士令狐綯。使讀之。至亂未嘗不任不肖。治未嘗不任忠賢。上止之。曰。凡求致太平。當以此言為首。又書貞觀政要于屏風。每正色拱手而讀之

（解）唐史上。記宣宗有志法祖圖治。他的祖太宗曾將前代治亂興亡的事跡。編成一書。叫做金鏡録。宣宗一日將這部書。授與翰林學士令狐綯。着他在面前誦讀。這書中有兩句說道。亂未嘗不任不肖。治未嘗不任忠賢。說古來天下因

甚麽就亂了。只為朝廷錯任用了那不好的人。他心心念念。罔上行私。行的都是蠹國殃民的事。用了這樣人。天下安得不亂。天下因甚麽就平治。只為朝廷能任用着那忠良之臣。他心心念念竭忠事主。行的都是要福國利民的事。若常用這樣人。天下安得不治。宣宗聽得令狐綯讀到這兩句言語。喜其切中事理。就止住他且莫讀。說道。大凡人君要求致太平。須要把這兩句說話。做第一件緊關的事。着實審察辨别其

孰爲君子。孰爲小人。果然是奸邪的小人。就當
斥遠了他。果然是忠賢的君子。就當專心信任
他。天下豈有不太平的道理。又見他先朝有貞
觀政要一書。是當年史臣吳兢。編載太宗與賢
臣魏徵等圖治的事蹟。遂把來寫在屏風上。常
時正色拱手。一一誦讀。蓋以爲師法而效倣之
也。夫觀宣宗留心法祖圖治。其切如此。真近代
帝王盛事。所以當時稱爲小太宗。豈虛也哉

焚香讀疏
唐宣宗

百六八

唐史紀宣宗樂聞規諫凡諫官論事門下封駁苟合於理常屈意從之得大臣章疏必焚香盥手而讀之

解 唐史上記宣宗勵精求治樂聞臣下箴規諫諍之言凡諫官議論政事及門下省給事中等官遇詔勑之出以為不可而論駁封還者苟所論所駁有合於理則自己雖以為是亦每屈已意以從之未嘗偏執每得大臣所奏的章疏必焚香洗手致其誠敬而後展讀夫忠言逆耳庸

主所不樂聞然使規諫嘗聞則政事無缺實可樂也宣宗樂於聞諫屈於從人可謂明矣至於大臣涉歷既多慮事尤熟又非庶官之比故讀其章疏必加誠敬蓋誠敬則精神收歛精神收歛則意見精詳可以察其言之當否以為施用非徒敬其章疏而已也宣宗圖治若此故大中之政人思詠之以為繼美太宗豈不足為賢君哉

敬愛母教

百七十
皇太后
宋太祖

宋史。紀太祖尊母南郡夫人杜氏為皇太后。太祖拜殿上。羣臣稱賀。后愀然不樂。左右進曰。臣聞母以子貴。今子為天子。胡為不樂。后曰。吾聞為君難。天子置身兆庶之上。若治得其道。則此位可尊。苟或失馭。求為匹夫不可得。是吾所以憂也。太祖再拜曰。謹受教

解宋史上。記太祖既即帝位。尊母杜氏為皇太后。太祖拜上尊號。群臣皆稱賀。太后愀然有憂愁不樂之色。左右之人問說。臣聞母以子貴。今

子既為天子。太后為天子之母。其貴無以加矣。何故反有不樂。太后說。吾聞古人說為君難。蓋為天子者。置其身於億兆衆庶之上。若治之有道。則民皆愛戴。而尊位可以常保。儻或治失其道。以致兆庶離叛。則雖求為匹夫。亦不可得矣。今我子雖為天子。吾方憂天位之難居。豈可以為樂乎。太后這說話。雖是告羣臣。實有儆戒太祖之意。故太祖即再拜謝說。謹當受教。自是勵位之後。夙夜畏懼。窒慾防非。重道崇儒。緩刑尚

德以忠厚立國推赤心置人故能削平僭亂創
業垂統於戲若宋太祖者可謂大孝矣

解衣賜將
宋太祖

三百七三

宋史。紀王全斌之伐蜀也。屬汴京大雪。太祖設氊幃于講武殿。衣紫貂裘帽以視事。忽謂左右曰。我被服如此。體尚覺寒。念征西將士。衝冒霜雪。何以堪處。即解裘帽遣中使馳賜全斌。仍諭諸將曰。不能徧及也。全斌拜賜感泣。故所向有功

（解）宋史上。記太祖遣大將王全斌帥師征蜀。時冬月天寒。京城大雪。太祖設氊幃于講武殿中。身穿着紫貂裘。頭戴着紫貂帽臨朝視事。忽然謂左右說。我穿戴這般樣溫暖的物。身上尚覺

寒冷想那西征的将士。衝冒霜雪。又無有這樣衣服。怎麼當得這等寒冷。即時将所服的裘帽解下。遣中使馬上賫去賜與全斌。又曉諭他部下的将士説。諸将寒苦。朝廷無不在念。奈裘帽有限。不能人人徧及也。于是全斌拜受賜物。感激淚下。諸将亦皆感激。相與戮力圖報。故所向皆捷。卒能平定西蜀。夫宋太祖有解衣之恩。及於将帥。遂能得其死力成功如此。可見人主要邊将成大功。不可不體其情。厚其賞。以勸之也

碎七寶器
宋太祖

宋史。紀太祖嘗見蜀主孟昶寶裝溺器。命撞碎之曰。汝以七寶飾此。當以何器貯食。所為如是不亡何待

解 宋史上。記太祖平蜀之後。曾見蜀主孟昶。有一箇溺器。是七樣寶貝裝成的。太宗見了大怒。命左右打碎之。說道。七寶是珍貴之物。就做飲食之器。也是奢侈不該的。汝却把來裝飾溺器。不知又用何等的器皿去盛飲食。其侈用暴殄一至於此。欲家國不至敗亡。豈可得乎。夫太祖

為創業之君。其言真足以垂戒萬世。人君推此
件件都該崇尚樸素。乃為愛惜福祿。保守國家
之道也

受言書屏

百七十七
宋太祖
王昭素
治世莫若愛民
養身莫若寡欲

◎

宋史紀。太祖徵處士王昭素為國子博士。召見便殿。年七十餘矣。令講乾卦至九五飛龍在天。昭素援引證據。因示諷諫微旨。太祖大悅。問治世養身之術。對曰。治世莫若愛民。養身莫若寡慾。太祖愛其言。書于屏几。

解 宋史上。記太祖之時有箇處士姓王名昭素。太祖素知他有學行。徵聘他來做國子監博士。既至。召他進見於便殿。此時昭素年七十餘歲矣。太祖命他講易經的乾卦。至第五爻飛龍在天乃是人君之象。昭素講論君道，援引古時帝王以為證據，遂陰寓諷動勸諫的意。太祖見他忠直，大喜悅他，就問他治天下與養身的道理。昭素對說，治天下莫如愛恤百姓，養身體莫如寡少嗜慾。蓋民為邦本，本固則邦寧，故治國之道莫如愛民也。慾為身害，慾少則身安，故養身之道莫如寡慾也。太祖愛他說得有理，將這兩句言語，書于屏風及几案上，欲時時警省，不致遺忘也。然寡欲愛民固皆致治之要，而寡欲一言。又為愛民之本。蓋自古百姓不安。皆因人主多欲。或好興土木。或恣意聲色。或妄開邊釁。或求珍奇玩好之奉。或耽馳騁遊幸之娛。此等事皆不免傷民之財。勞民之力。上之所欲無窮。下之所需難繼。以致海内騷然。百姓怨叛。而君身不可保矣。以是知人主必愛身。乃可以愛民。而安百姓。亦所以安其身也

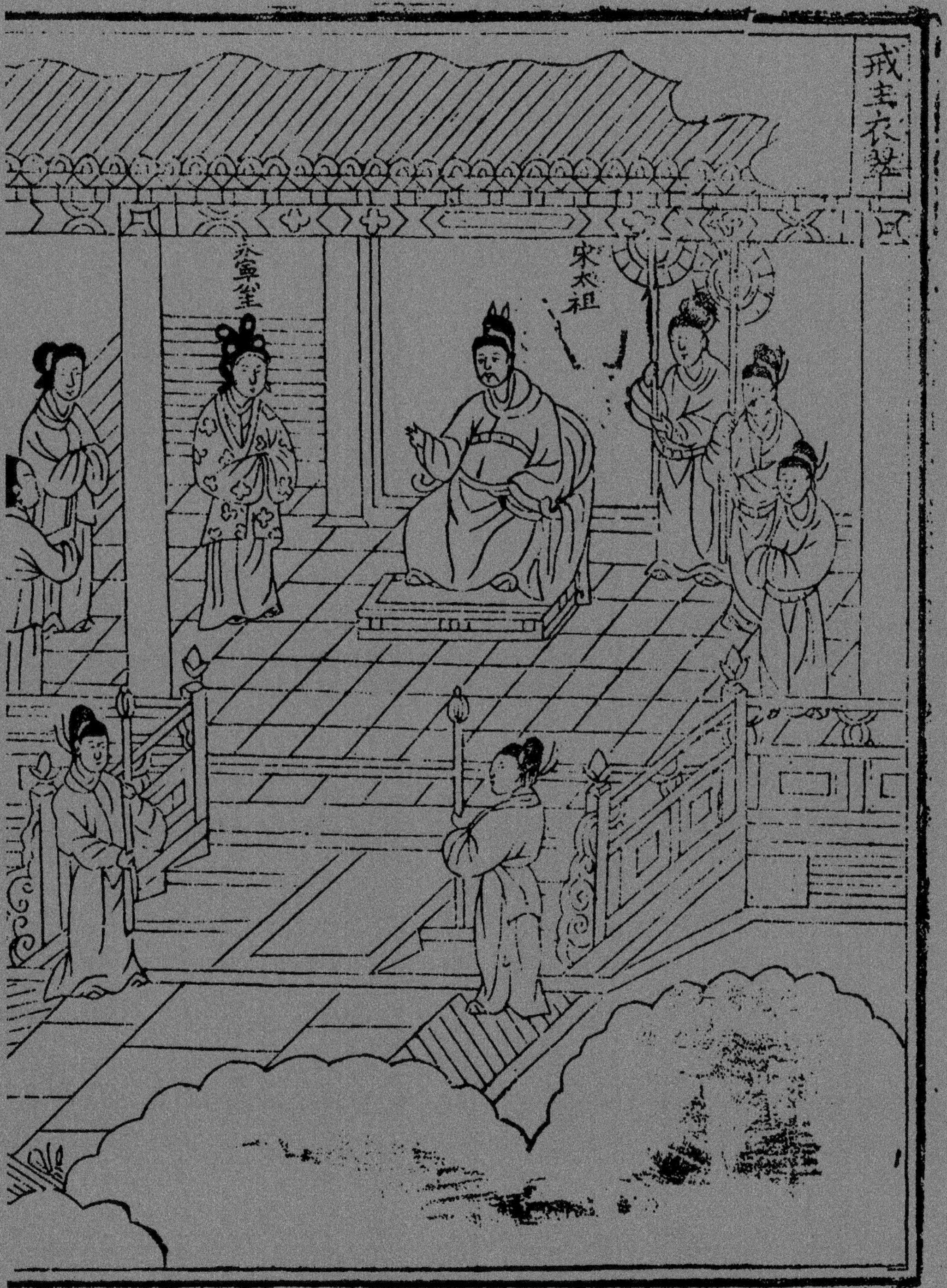
戒主衣翠
宋太祖
永寧公主

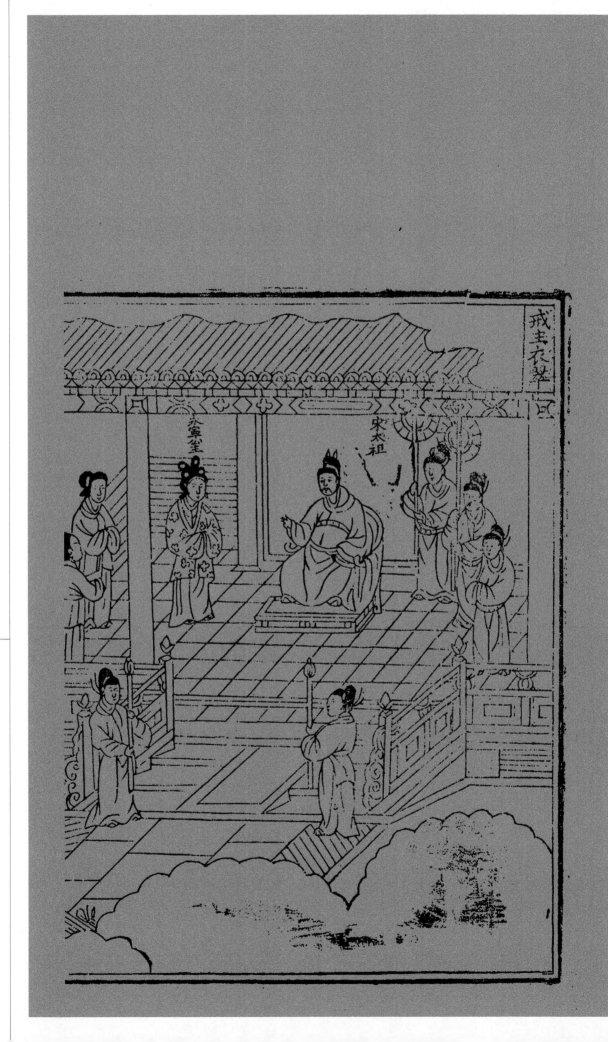

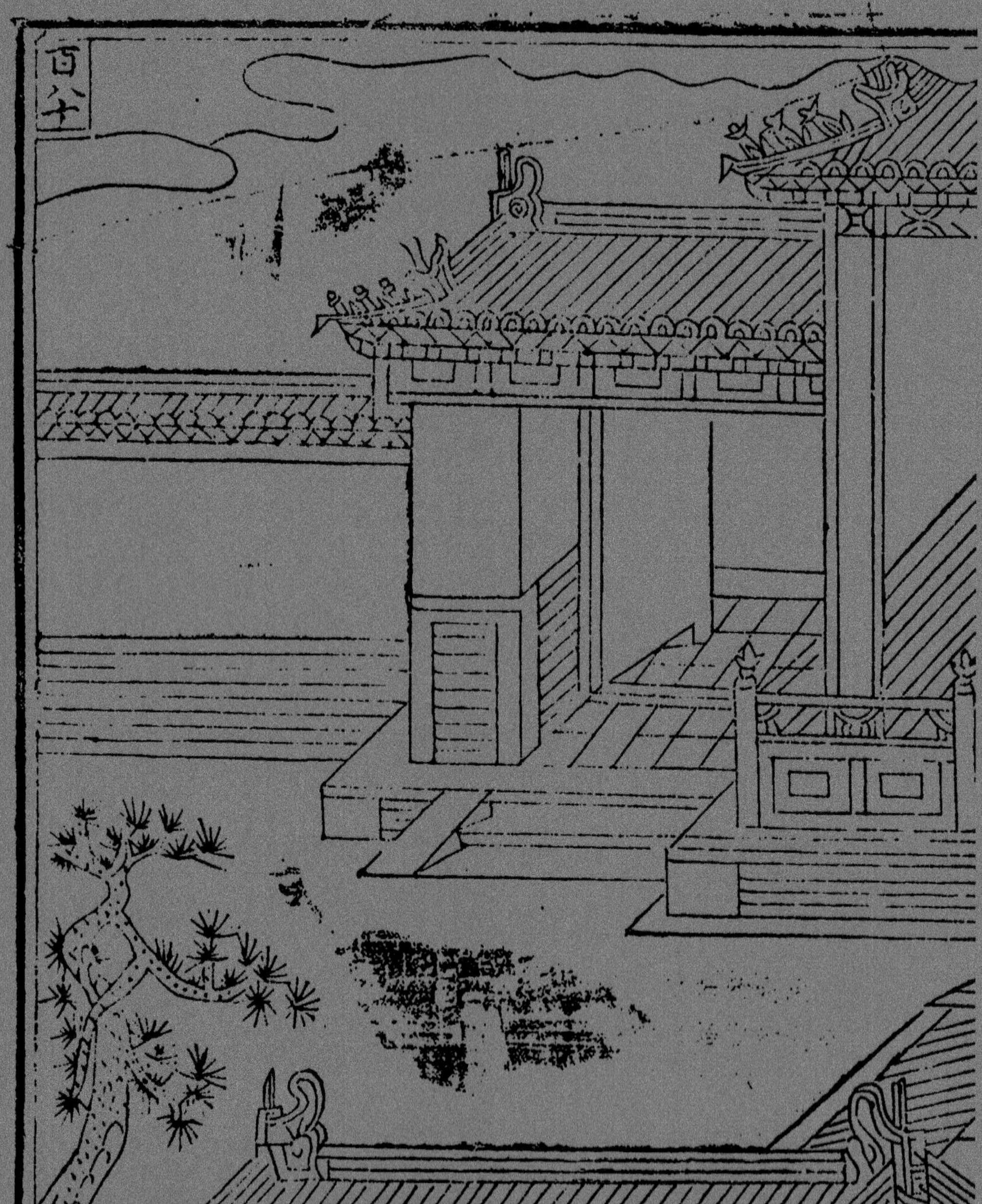
百八十

宋史。紀永寧公主嘗衣貼繡鋪翠襦入宮中。太祖謂曰。汝當以此與我。自今勿復為此飾。公主笑曰。此所用翠羽幾何。太祖曰。不然。主家服此。宮闈戚里必相效。京城翠羽價高。小民逐利。展轉販易。傷生浸廣。實汝之由。汝生長富貴。當念惜福。豈可造此惡業之端。公主慙謝

（解）宋史上。記太祖的女永寧公主。曾穿一領貼金鋪翠的襦（襦短衣也）入宮中。太祖嫌其奢侈。向公主說道。汝可解此襦與我。自今以後。再不

要如此裝飾。公主笑說。此襦所用翠羽幾多。而官家以為過費。太祖說道。我之意。非專爲汝一襦而惜也。主家既穿此衣。宮中妃嬪。及皇親貴戚每看見。必都相倣效。所用翠羽必多。京城中翠羽之價必貴。百姓每逐利。見此物可以取利。必然都去捕捉那翠鳥。展轉販賣。殺生害命。皆汝此衣有以致之。其罪過多矣。汝生長富貴。不知艱苦。須當思愛惜受用。以圖長久。豈可造此惡業之端。自損已福耶。公主見太祖說得激切。

乃惶恐謝罪。夫宮闈之好尚。係四方之觀法。古語說道。宮中好高髻。四方高一尺。宮中好廣眉。四方且半額。宮中好大袖。四方至疋帛。言好尚之不可不慎也。若宮闈之中。服飾華麗。用度奢侈。則天下化之。漸以成風。壞風俗。耗財用。折福損壽。其害有不可勝言者矣。豈但如宋祖所謂戕害物命而已哉。大抵創業之君。閱歷艱辛。唯恐享用太過。後世子孫。且有鄙而笑之者矣。吁。可不戒哉

竟日觀書
宋太宗
宋琪

百八三

宋史。紀太宗勤于讀書。自巳至申。然後釋卷。詔史館修太平御覽一千卷。日進三卷。宋琪以勞瘁爲諫。帝曰。開卷有益。不爲勞也。朕欲周歲讀遍是書耳。每暇日。則問侍讀呂文仲以經義。侍書王著以筆法。葛湍以字學

（解）宋史上。記太宗勤于讀書。每日從巳時看書起。直到申時。然後放下書卷。詔史館儒臣。采輯古今事蹟。纂修成一書。叫做太平御覽。共有一千卷。每日進三卷。太宗觀覽。日日如此。其臣宋

琪以看書勤苦。恐勞聖體爲勸。太宗説。天下古今義理。盡載書卷中。但開卷觀看。就使人啟發聰明。增長識見極有進益。雖每日讀書。自是心裡喜好。不爲勞苦也。朕要一年之內。讀完這一千卷書。故須一日三卷。乃可讀完耳。每遇閒暇無事日還不肯錯過。就召翰林侍讀吕文仲。問他以經書上的義理。召侍書王著問他以寫字的筆法。召葛端。問他以字學訓解。夫自古聖人。雖聰明出于天賦。莫不資學問以成德。蓋古今治亂興衰。天下民情物理。必博觀經史。乃可周知。必勤于訪問。乃能通曉。故明君以務學為急正為此也。觀宋太宗勤學好問、不以為勞若此。其能為太平令主。而弘開文運之盛。有由然哉

引衣容直
宋太宗
寇準

宋史。紀寇準為樞密直學士。嘗奏事殿中。語不合。太宗怒起。準輒引帝衣請復坐。事决乃退。太宗嘉之曰。朕得寇準。猶文皇之得魏徵也

（解）宋史上。記宋太宗以寇準為樞密院直學士。寇準為人。忠直敢言。一日奏事殿上。不合太宗的意思。太宗發怒起去。欲罷朝回宮。寇準即上去扯住太宗的袍服。請太宗復還御座。决斷其事。務要聽其言纔罷。太宗見他這般鯁直。反嘉羨他說道。朕得寇準。如唐太宗之得魏徵也。夫

人臣奏事忤旨。至於牵引上衣以盡其説。爲君者若不諒他忠直之心。必以爲不敬而怒斥之矣。今太宗不惟不斥。且歎美之。其容人之度如此。所以能使臣下盡言。政事少過。而爲宋之賢君也。如太宗者。真無愧於文皇矣

改容聽講

百八八
宋仁宗
王曾
孫奭
馮元

宋史紀仁宗初年。宰相王曾。以帝初即位。宜近師儒。乃請御崇政殿西閣。召侍講學士孫奭。直學士馮元。講論語。初詔雙日御經筵。自是雖隻日。亦召侍臣講讀。帝在經筵。或左右瞻矚。及容體不正。奭即拱立不講。帝為竦然改聽

綱 宋史上記仁宗初年。宰相王曾。以帝新即位當親近師儒之官。讀書勤學。以涵養聖德。乃請臨御崇政殿西閣。召侍講學士孫奭直學士馮元。進講論語。起初定以雙日御經筵。後來以學

閤不宜間斷。雖是單日。也召侍臣講讀。帝在經筵講讀時。或偶然左右觀看別處。或容體少有不端。孫奭即端拱而立。停住不講。蓋恐帝心不在書上。雖講無益也。仁宗見奭這等誠懇。那怠惰的意思即時收斂。爲之竦然改聽。夫仁宗天資本是粹美。又有賢宰相。輔導向學。當時講官。復盡心開發。一些不肯放過。仁宗能敬信而聽從之。所以養成盛德。恭儉仁恕。始終如一。而爲有宋一代之賢君也。

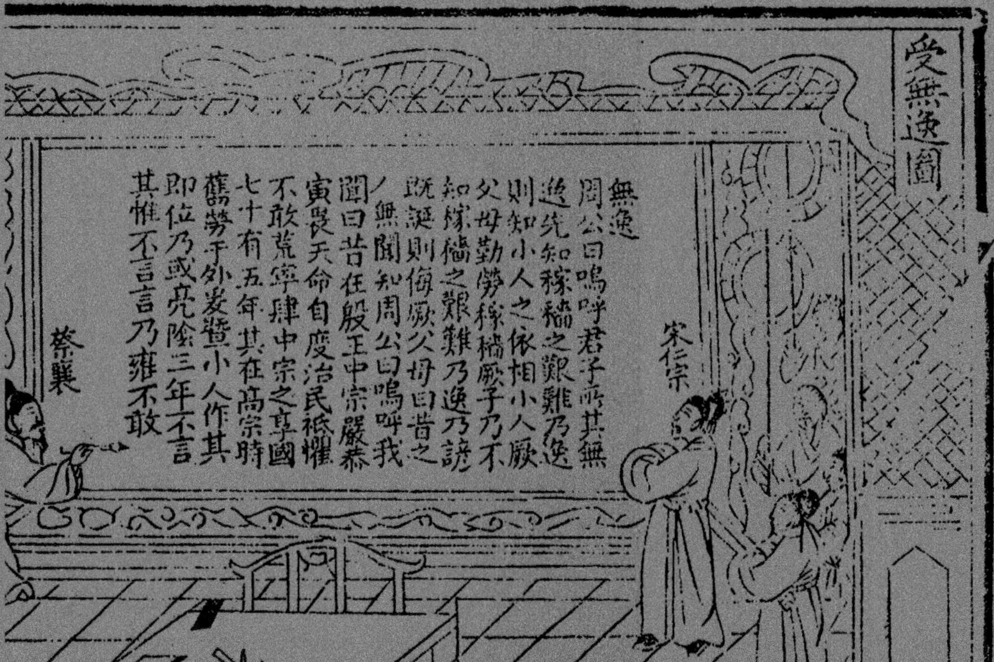
受無逸圖
無逸
周公曰嗚呼君子所其無
逸先知稼穡之艱難乃逸
則知小人之依相小人厥
父母勤勞稼穡厥子乃不
知稼穡之艱難乃逸乃諺
既誕則侮厥父母曰昔之
人無聞知周公曰嗚呼我
聞曰昔在殷王中宗嚴恭
寅畏天命自度治民祗懼
不敢荒寧肆中宗之享國
七十有五年其在高宗時
舊勞于外爰暨小人作其
即位乃或亮陰三年不言
其惟不言言乃雍不敢
宋仁宗
蔡襄

百九十

◎

宋史。紀龍圖閣學士孫奭。嘗畫書無逸為圖以進
上命施於講讀閣。及作邇英。延義。二閣成。又命蔡
襄寫無逸篇于屏

〔解〕宋史上。記仁宗時有龍圖閣學士孫奭。日侍
講讀。每至前代治亂。必反覆規諷。嘗取書經無
逸篇中所載古帝。王勤政恤民的事蹟畫作一
圖叫做無逸圖。進上仁宗。欲其知所法也。仁宗
喜之。命掛在講讀閣裡。日日觀覽。其後新造邇
英延義二閣成。又命館閣校勘蔡襄。把無逸一

篇寫在二閤之屏上。使隨處皆得觀覽。夫無逸一書。乃周公告成王的說話。大意欲成王知稼穡勤政事。兢兢業業不敢自安。能如此。則福祚綿長。不如此。則壽命短促。因舉商中宗高宗祖甲。周太王王季文王以爲法。商紂以爲戒。其言深切懇至。實萬世人主之龜鑑也。仁宗既受孫奭之圖。又命蔡襄書之。蓋必有味其言矣。則其觀後苑之麥。恐中夜之飢。孰非自此書中得來。所以明君以務學爲急

不喜珠飾
宋仁宗
張貴妃

百九二

宋史紀仁宗宮中頗好珠飾京師珠價騰踊上患之一日上在別殿妃嬪畢集所幸張貴妃至首飾皆珠上望見舉袖掩面曰滿頭白紛紛地沒些忌諱貴妃慙起易之上乃悅自是禁中更不戴珠珠價大减

解宋史上記仁宗時宮中人好以珠為首飾採買者多因此京師中珎珠登時長起價來仁宗恐宮中相尚不已風俗趨於侈靡思量要革他一日在別殿上遊賞諸妃嬪每都在左右有箇

寵幸的張貴妃到來頭上的首飾都是珎珠。仁
宗望見故意把袖子遮了臉不看他說道。滿頭
揷得白紛紛地。近於不祥之象。好沒些忌諱。張
貴妃慙愧慌忙退去。摘下珎珠首飾。換了別樣
首飾來。仁宗方纔喜悅。從此宮中人只說仁宗
厭忌此物。再不敢戴他。京師裡珠價登時大減。
夫珠玉珎寶飢不可食。寒不可衣。而銖兩之間。
其價不貲。糜費民財。以供一時之玩。何益於用。
故明君貴五穀而賤珠玉。盖不以無益害有用

也。然亦係於人主之好尚何如。觀仁宗一言。而

珠價頓減。豈待於法制禁令哉

納諫遣女

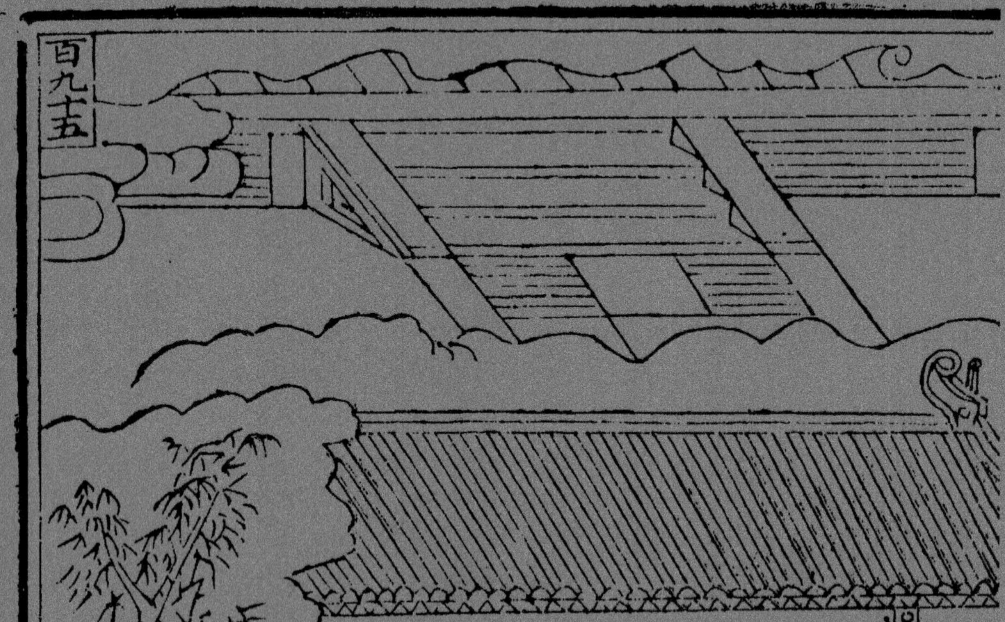
百九十五
宋仁宗

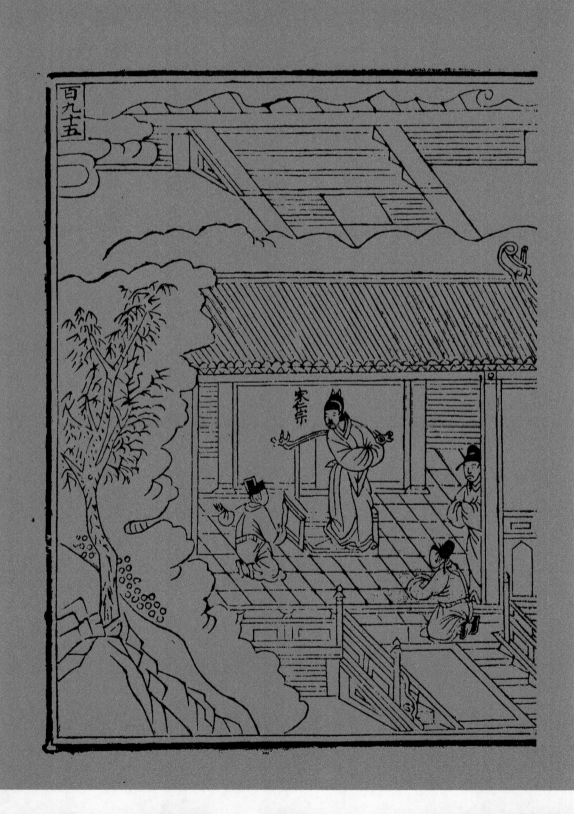

宋史。紀仁宗時。王德用進二女。王素論之。上笑曰。朕真宗子。卿王旦子。有世舊。非他人比。德用實進女。然已在朕左右。奈何。素曰。臣之憂正恐在陛下左右耳。上動容。立命宮官遣女。素曰。陛下既不棄臣言。亦何遽也。上曰。朕若見其人留戀不肯行。恐亦不能出矣。頃之宮官奏宮女已出內東門。上乃起

解 宋史上。記仁宗時。王德用判定州。曾取兩箇女子獻入後宮。以悦仁宗之心。仁宗就收留在

後宮。這是仁宗差處。那時諫官王素聞知。即奏此女不可收留。勸仁宗去之。仁宗笑對王素説朕乃真宗之子。卿乃宰相王旦之子。卿父輔佐我父皇。君臣相得。則朕與卿有世好之舊。與別的羣臣不同。只得實與卿説。這兩箇女子。委的是王德用進的。但朕已誤納。現在左右服事了。如何去得。王素奏説。陛下以此女在左右為不可去。不知臣之所憂。正恐此女在陛下左右。蠱惑聖心。有累聖德。所以勸陛下去之耳。仁宗一

聞此言。遂自悟其失。竦然動容。即時命宮官打
發二女出宮。王素奏說。陛下既已聽臣言。少待
陛下還宮。從容遣之。亦無妨。何必如此急遽。仁
宗說道。待我還宮時。萬一此女有留戀不肯去
的意思。我那時為情所牽。恐也遣他不成了。不
如趂今遣之為易。少時宮官來奏。二女子已出
内東門去訖。仁宗方纔退朝。夫宮禁之事。乃人
主之所諱言。而房帷之愛。又人情之所牽戀。今
仁宗既納二女。已經進御。一旦聞王素之諫。即

開誠直告略無囬互。割捨所愛。不少遲留。可謂從諫之速。而改過之勇矣。此真盛德事也

天章召見

百九十八

宋史。紀仁宗幸龍圖天章閣以手詔問輔臣及御史中丞以上時政闕失皆給筆札。令即坐以對。時翰林學士張方平條對四事。帝覽奏驚異。詰旦更賜手札。問詔所不及者。侍御史何郯。乞詔兩制臣僚。自今有聞朝政闕失。並許上章論列。帝嘉納之

（解）宋史上記仁宗曾臨幸龍圖天章閣召見輔弼大臣。及御史中丞以上。因出手詔。問諸臣以時政欠闕差失處。都給與紙筆。着他就坐上開寫以對。當時諸臣皆有奏答。內翰林學士張方

平。條答汰冗兵。退剩員。慎磨勘。擇将帥。四事。帝見其所言切于治道。深加驚嘆。明日早。又賜手勅。詢問他昨日詔書上所不及的事。着他一一奏来。又有侍御史何郯。上言翰林管内外制文的諸臣。原是為備顧問而設。乞詔諭他。今後但是朝政有關失得于見聞之真者。並許他上疏論列。直言無隠。以助聖化。仁宗因何郯説的有理也。欣然從之。盖仁宗求治之心甚切。故引見羣臣。面加咨詢。使之條對。惟恐忠謀讜論不得

上達。及聞張方平等直言。又復虛心延訪。嘉奬
聽受。所以那時朝政修舉。海内治平。爲宋朝守
成之令主也

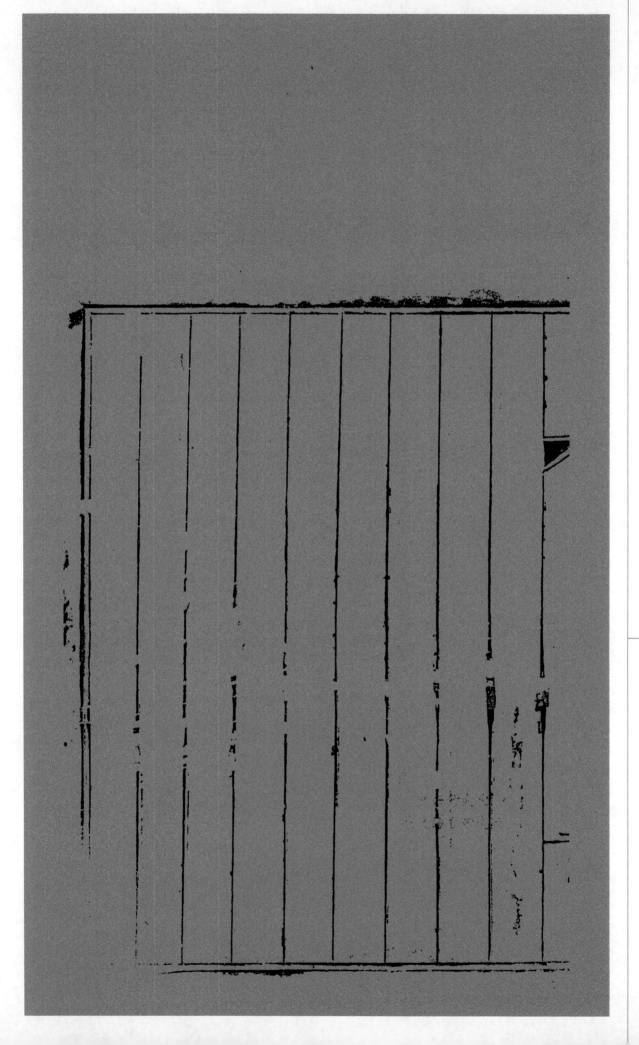

◎

夜止燒羊
宋仁宗

二百

宋史紀仁宗嘗語近臣。昨因不寐而飢。思食燒羊。曰。何不取索。曰。恐遂為例。可不忍一夕之飢。而啟無窮之殺。或獻蛤蜊二十八枚。枚千錢。曰。一下筯費二十八千。吾不堪也

（解）宋史上記仁宗一日對近臣說。朕昨夜因睡不着腹中覺飢。想些燒的羊肉喫。近臣因問說。何不令人取進。仁宗說。恐膳房因此遂為定例。夜夜要辦下燒羊。以備取用。則傷害物命必多。豈可恣口腹之欲。不忍一夕之飢。而忍於殺害

無窮之生命乎。因此遂止。又一日有獻蛤蜊二十八枚者。說一枚價直錢千文。仁宗說。一下筯之間。就費了二萬八千文錢。似此享用無度。我豈能堪。遂不受其獻。仁宗在宋朝最為仁厚之主。觀其不忍於害物如此。則其不忍於傷民可知。故能致治昇平。而享祚悠久也

後苑觀麥
宋仁宗

二百三

文紀。仁宗幸後苑。御寶岐殿觀刈麥。謂輔臣曰。朕作此殿不欲植花卉。而歲以種麥。庶知稼穡之不易也

解 宋史上。記仁宗留意農事。宫中後苑裡有空地。都使人種麥。又於其地建一小殿。名叫寶岐殿。麥一莖雙穗謂之岐。此豐年之祥。最宜寶重。故以為殿名。每年麥熟時。仁宗親自臨幸後苑。坐寶岐殿。看人割麥。諭隨駕的輔臣說道。宫殿前似當栽植花卉以供賞翫。今朕造此殿。獨不

◎

種花卉。但年年種麥。此是何故。盖以我深居九重。無由知稼穡之艱難。所以種麥於此。要看他耕種耘鋤、庶幾農家之苦。時時在吾目中也。大抵四民中。惟農為最苦、春耕夏耘。早作暮息。四體焦枯。終歲勤動。還有不得一飽食者。古人有詩云。鋤禾日當午。汗滴禾下土。誰知盤中飧。粒粒皆辛苦、真可謂格言矣。古之賢君知此。所以極其憫念。力為賑卹、而民卒受其福、後世人主生長富貴。不知稼穡為何物。荒淫佚樂、惟恐不

暇而何暇恤農也仁宗以天子之尊親臨農夫之事知惓惓於稼穡如此則其恭儉仁恕卓越近代不亦宜乎

念流民
宋神宗

二百六

宋史。紀神宗時東灶大旱。詔求直言。鄭俠上流民圖。疏奏。帝反覆觀圖。長吁數四。袖以入內。是夕寢不能寐。翌日。遂命開封體勘新法不便者。凡十有八事。罷之。民間讙呼相賀。是日果大雨。遠近沾洽

（解）宋史上。記神宗時。行了王安石的新法。擾害百姓。人不聊生。到熙寧七年間。天又大旱。年歲飢荒。東灶一帶的百姓。都流移轉徙。死亡離散其艱難困苦之狀。實為可憐。那時有一箇官是光州司法參軍。叫做鄭俠。因考滿赴京。在路上

看見那流民的模樣。心甚不忍。說道。小民這等
窮苦。朝廷如何知道。乃照那樣子畫一本圖形。
叫做流民圖。其中有採樹葉。掘草根充飢的。有
衣衫破碎。沿途討喫的。有餓死在溝渠的。有扶
老携幼。流移趂食的。有戀土不去。被在官公人
比較差徭。拷打枷鎖的。有拆屋卸房。鬻兒賣女。
變價納官的。一一都畫將出来。到京之日。將這
圖本進在御前。奏說。只因新法不善。致的百姓
這等。傷了天地的和氣。所以久旱不雨。如今要

天降雨。須是把新法革去不行纔好。神宗將此圖反復看了幾遍。纔曉得新法之害。與民間之苦如此。甚是感傷懊悔。長嘆數四。袖了入宮。一夜不能睡着。到明日。傳旨着在京開封府官。查那新法為民害者共有一十八件。都罷革不行。當時京城内外的百姓。聽說如此。以為從此得生。人人讙呼相慶。即日天果大雨。處處田苗俱各沾濡充足。夫人君一去粃政。便能感動天地如此。可見為民祈禱者。在實政。不在虛文。而祖

宗舊法愼不可輕變也

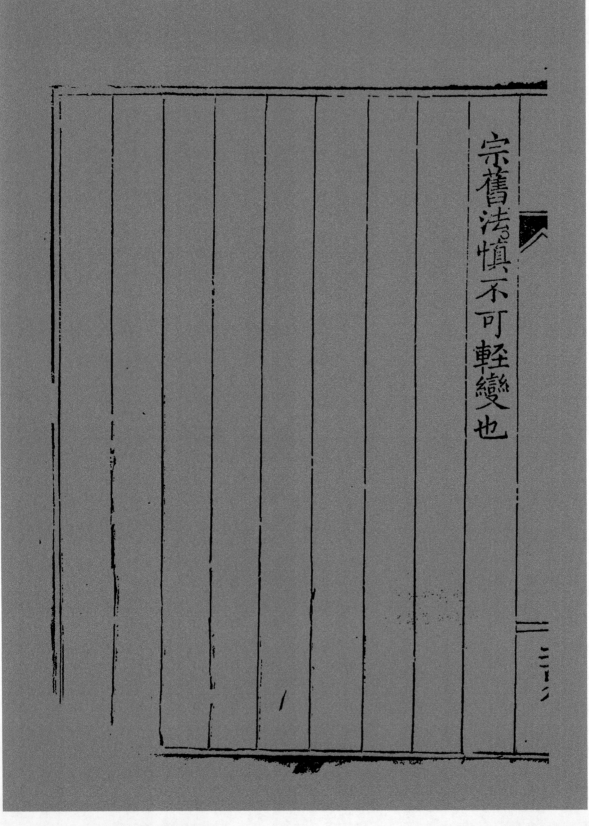

燭送詞臣
皇太后
宋哲宗
蘇軾

二百九

宋史。紀蘇軾為翰林學士。嘗宿禁中。召見便殿。太皇太后問曰。卿今何官。對曰。待罪翰林。曰。何以遽至此。對曰。遭遇太皇太后。皇帝陛下。曰。非也。此先帝意也。先帝每誦卿文章。必嘆曰。奇才奇才。但未及進用卿耳。軾不覺哭失聲。太皇太后與帝亦泣。左右皆感涕。已而命坐賜茶。撤御前金蓮燭送歸院

解 宋史上。記蘇軾在神宗時。被小人排抑。一向貶謫在外。至哲宗登極。纔取他做翰林學士。宋

朝翰林院設在禁中。每夜有學士一員輪流直宿。以備不時顧問。有一夜遇蘇軾該直。哲宗的祖母太皇太后。與哲宗同御便殿。宣蘇軾入見。太皇太后問蘇軾。卿如今做甚麼官。蘇軾對說待罪翰林學士。謂之待罪者。說他不稱此官。惟待罪責而已。謙詞也。太皇太后又問學士是美官。卿一向流落江湖。怎能勾到此地位。蘇軾乃歸恩於上。說道臣幸遭遇太皇太后及皇帝陛下見知。故得到此耳。太皇太后說。非我用卿。乃

先帝神宗意也。先帝每讀卿的奏疏文章。必歎
美說奇才奇才。不久先帝遂晏駕。故未及用卿
耳。今我用卿為此官。實承先帝之意也。蘇軾因
此追感先帝知遇。不覺痛哭失聲。太皇太后與
哲宗。也相向而泣。那時左右内臣。也都感傷流
涕。太皇太后賜蘇軾坐。又賜他茶喫。將退時。撤
御前的金蓮燭送他歸院。看那時人君接見臣
下。問答從容。禮數款洽。藹然如家人父子一般
所以為臣的。感激主恩。不覺悲泣。君臣間是何

等景象。史稱宋家以忠厚立國。又言其竟得尊
賢敬士之報。豈不信夫

右善可為法者八十一事。臣等既論次終篇乃作而嘆曰。嗟乎。孟軻稱五百年而後有王者興。傳曰。千年一聖。猶旦暮也。詎不信哉。夫自堯舜以至於今。代更幾世。主更幾姓矣。而其可取者。三十餘君而已。中間又或單舉一善。節取一行。究其終始尚多可議。其完善鑠懿。卓然可為世表者。纔什一耳。可不謂難哉

天祐我

明。

聖神繼作。臣等嘗伏讀我
祖宗列聖實錄、仰稽
創守鴻規、則前史所稱聖哲之事。無一不備者。略
舉其槩。如
二祖之開基靖難。身致太平。則堯舜湯武功德兼
焉。
典則貽休。
謨烈啓後、則漢綱唐目。臣細具焉。
昭皇帝之洪慈肆宥、培植國脉、則解網澤骨之仁

也。

章皇帝之稽古右文。勵精圖治。則弘文延英之軌

也。

睿皇帝之聘禮處士。訪問治道。則蒲輪玄纁之舉

也。

純皇帝之親愛諸王。厚遇戚邸。則敦睦友于之風

也。

敬皇帝之延見羣臣。曲納讜直。則揭器止輦之明

也。

肅皇帝之心存敬一。治本農桑。則丹書無逸之箴

也。

皇考。穆宗莊皇帝之躬修玄默。服戎懷遠。則垂衣

舞干之化也。其他片言之善。一事之美。又不

可以殫述。蓋

明興纔二百餘年。而

賢聖之君。已不啻六七作矣。以是方內乂安。四夷

賓服。重熙纍洽。迭耀彌光。致治之美。振古罕

儷焉。猗歟休哉。豈非乾坤光岳之氣。獨鍾於

昭代。河清里社之兆。並應於
今日哉。詩云。下武維周。世有哲王。王配於京。世德
作求。我
明世德。蓋軼有周而特盛矣。今
皇上睿哲挺生。
膺期撫運。又將覲
光揚
烈。以遠追二帝三王之治焉。臣等何幸躬逢其盛

帝鑑圖說後序

今元輔少師張公既輯
帝鑑圖說奏
御刻其副以傳閭示烈使敘諸後烈嘗考
載籍究觀古大臣之義則歎公之所為
慮至遠也自昔嗣德守文之主莫盛于
商周商周之臣左右啓沃其著者在訓

誥保衡當嗣王之初稱引烈祖陳風愆之戒甚悉成王生八年而踐阼公旦明勗棐迪勞逸修短之戒益加嚴焉其大指可覩已夫輔養之道與匡救異輔養之于冲年與鼎盛之年異人主至有佚德然後忠諫直鯁之士相與隨而爭之其轉移之甚難而用力甚倍輔養之道

常止邪于未形起善于微眇故漸漬曰
益而從之也輕夫人少而習之長而安
焉及其安也驟而告語未可卒禁而方
其習也則取舍未定志意常虛未定故
可道而趨虛故可乘而入與之爲賢聖
非難也語曰少成若性途之人皆然何
況人主哉蓋顯諍黙移機有深淺先入

後戒施有逆順格心正事效有徵博故

曰異商周之大臣辨于是矣公以

顧命元輔受

上眷倚襄贊密勿孳孳夙夜居常持議與

宫保吕公言

國家大體必以輔養君德爲急其繪圖

陳説皆意所指授手所疏列精思極慮

而後成之時時被
顧問質所疑及聖哲之際未嘗不反復
誦之也至覆亡已事未嘗不憤惋爲
上深陳之也斯已勤矣
上以英妙之齡神智天授即商周令王不
足侔公輔養得其道又及其時積之以
精誠而發之乎忠懇蓋信在未諫功在

不言而海寓蒙福

社稷賴之即商周大臣不能過是圖說也即訓誥之義何以殊焉於戲使當世士大夫知今日所亟在君德不在政事一切省談說而除文苛知公輔養之深意益務勵翼以佐下風人人各舉其職則

主必益聖治必益隆太平可期日而望是

亦公刻以傳之意也圖說大指具公所進跡及大宗伯陸公敘中故不著著公之心如此

萬厤元年孟夏之吉吏部左侍郎兼翰林院侍讀學士掌詹事府事豫章王希烈譔

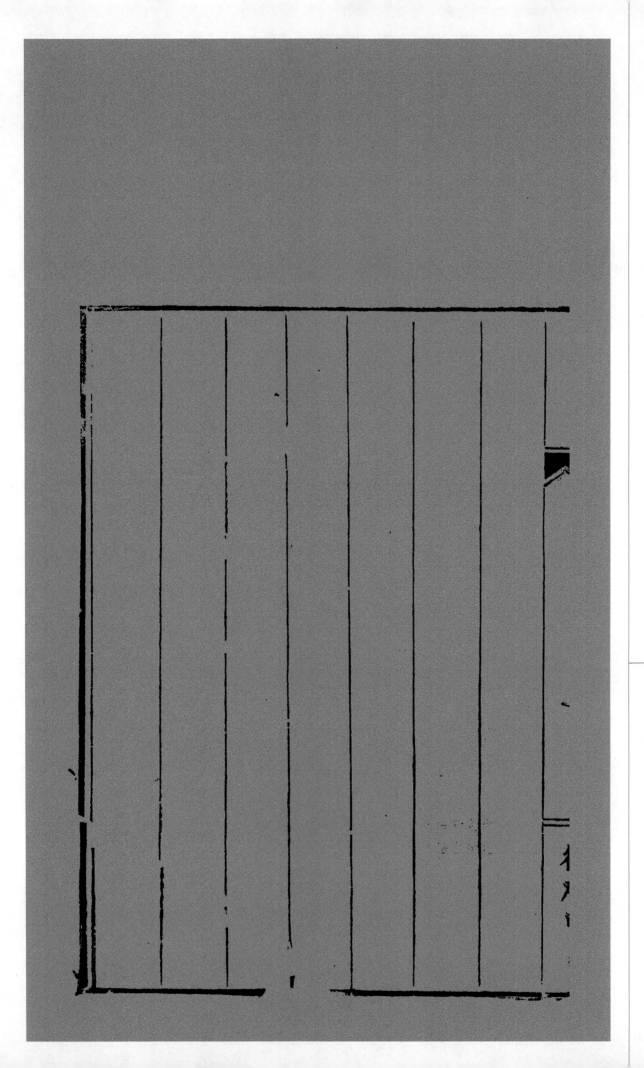

狂

狂 一

◎

愚

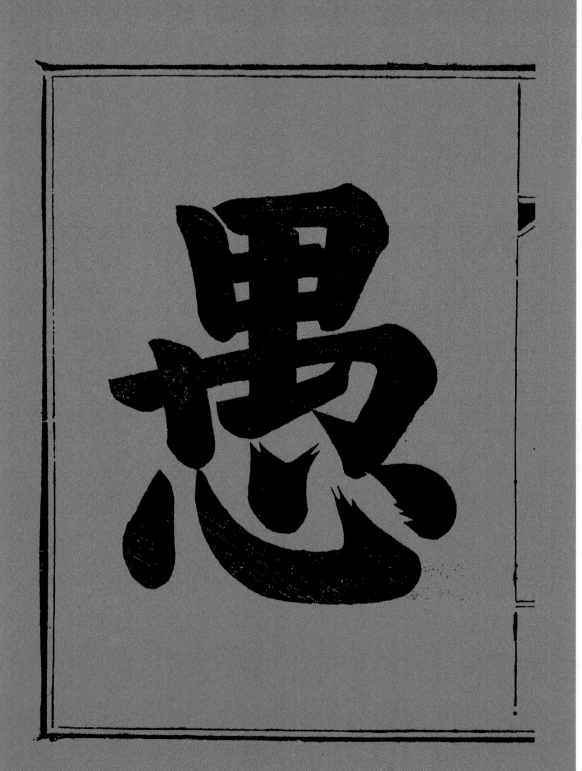

復

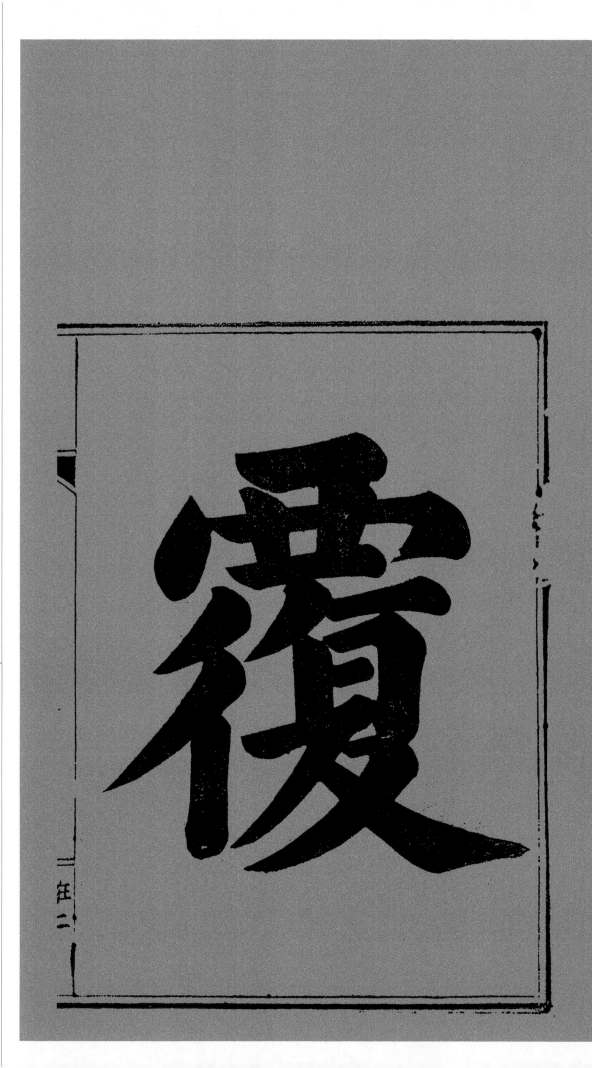

轍

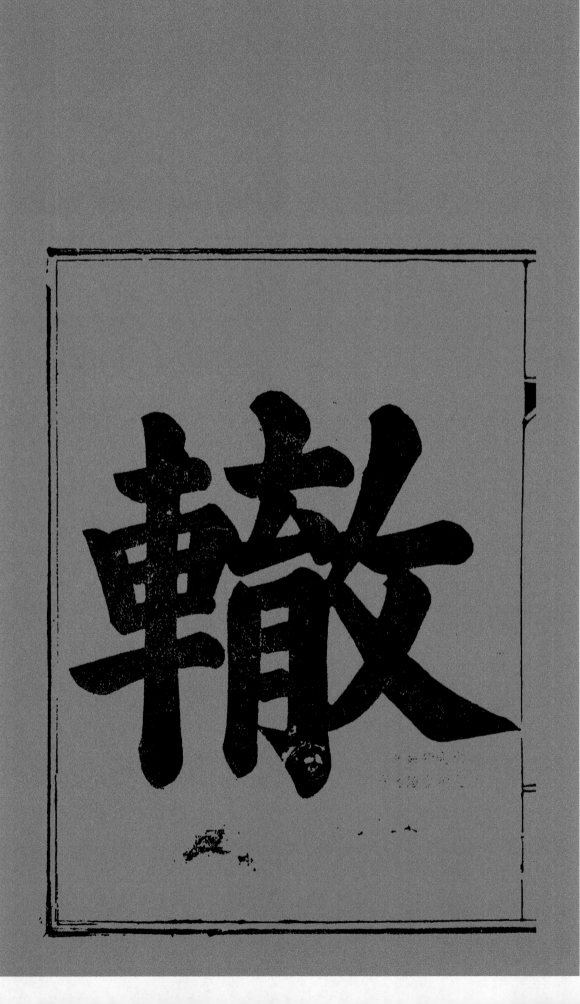

目錄

大營宮室　秦始皇

女巫出入　漢武帝

五侯擅權　漢成帝

市里微行　漢成帝

寵昵飛燕　漢成帝

嬖倖戮賢　漢哀帝

十侍亂政　漢桓帝

西邸鬻爵　漢靈帝

列肆後宮　漢靈帝

遊幸江都　隋煬帝
斜封除官　唐中宗
觀燈市里　唐中宗
寵幸番将　唐玄宗
歛財侈費　唐玄宗
便殿擊毬　唐敬宗
寵信伶人　後唐莊宗
上清道會　宋徽宗
應奉花石　宋徽宗

任用六賊　宋徽宗

遊畋失位
后羿

後一
夏太康

夏史紀太康即位荒逸。弗恤國事。畋獵於洛水之表。十旬弗返。有窮后羿因民之怨。拒之於河。弗許歸國。厥弟五人。作歌以怨之。太康失國。居陽夏

【解】夏史上。記太康即位。荒於逸樂。不以國事為念。只好在外面打獵。巡遊於河南地方洛水之外。流連百日。不肯回還。把朝廷政事。都荒廢了。百姓禾稼。都踐踏了。民皆嗟怨。當時有一箇臣叫做后羿。極善射。因民之怨。率領軍馬。手持弓矢。拒之於河上。不要他歸國。其弟五人。恨他荒

淫無道壞了祖宗的基業。扵是作詩五章。稱述其祖大禹的訓辭以怨之。謂之五子之歌。太康畢竟不得歸國。居扵夏陽之地而死。夫太康為啟之子。啟能繼禹之道。賢聖之主也再傳太康止以好尚遊畋一事。遂至失國。父祖之德澤。皆不足恃矣。吁可畏哉

脯林酒池
夏桀王
妹喜

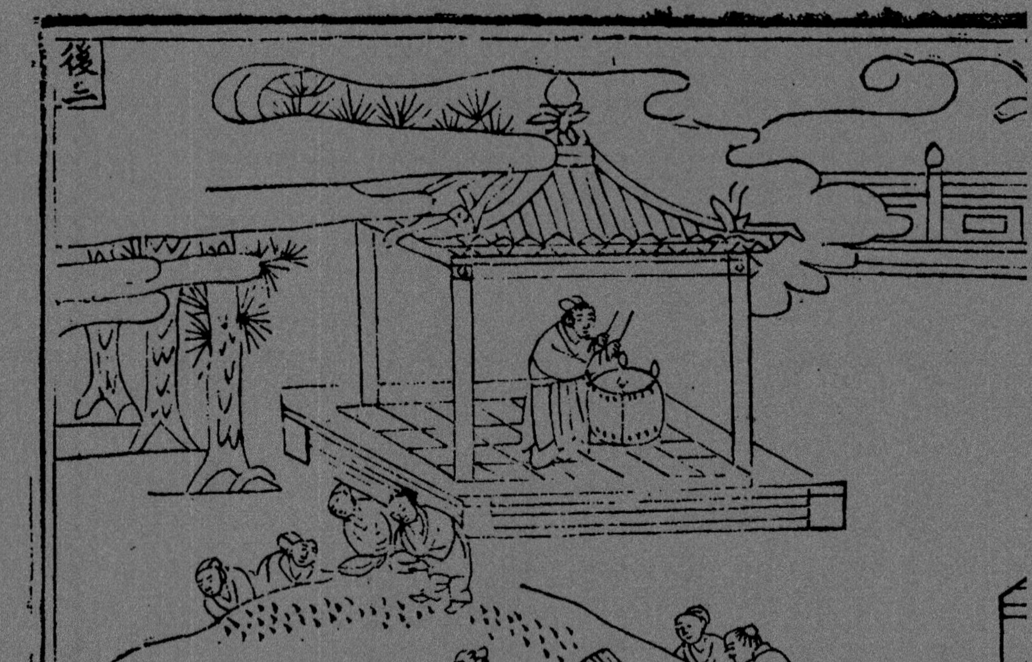
後三

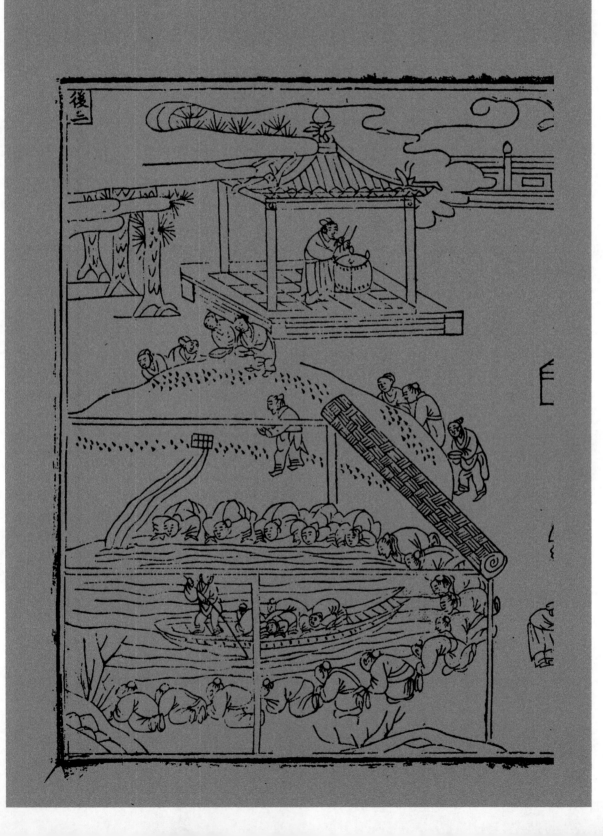

夏史。紀桀伐有施氏。得妹喜。喜有寵。所言皆從。爲瑤臺象廊。殫百姓之財。爲肉山脯林酒池可以運船。糟隄可以望十里。一鼓而牛飲者三千人。妹喜笑。以爲樂

【解】夏史上。記夏桀無道不修德政。因征伐有施氏之國。有施氏進了箇美女叫做妹喜。桀甚是寵愛他。說的言語。無不聽從。造爲瑤臺象廊。極其華麗。竭盡了百姓的財力。又性嗜酒放縱。不但自家酣飲。將各樣禽獸之肉。堆積如山。烹熟

為脯者懸掛如林。鑿箇大池注酒。池中可以行船。積糟為隄。其高可望十里。擊鼓一通。則齊到池邊低頭就飲。如牛之飲水者三千人。桀與妹喜歡笑以此為樂。朝政之廢可知矣。夫桀之始祖大禹卑宮室。惡衣服。克勤克儉。因飲酒而亡。遂踈造酒之儀狄。何等憂深慮遠。辛勤創業。而桀乃放縱如此。不亡何待。後六百年。又有商紂亦為肉林酒池。亦亡商國。嗜酒之禍。可鑒也哉

革囊射天

後五
商武乙

商史紀。武乙無道。為偶人。謂之天神。與博不勝而戮之。為革囊盛血。仰而射之。謂之射天。在位五年。獵於河渭之間。暴雷震死

【解】商史上。記商王武乙無道。不知敬事天地。把木雕成人形。叫做天神。與之對局而博。使人代為行籌。若是偶人輸了。就將他斫碎。恰似殺戮那天神的一般。又將皮革為囊。裡面盛着生血。高懸于空中。仰而射之。叫做射天。其慢神褻天如此。在位五年。出畋獵於河渭之間。着暴雷霹

死。夫人君無不敬也。而敬天為大。書曰。欽若昊天。詩曰。敬之敬之。天惟顯思。命不易哉。若以天為不足畏。則無可畏者矣。武乙之凶惡。說他不但不怕人。連天也不怕。故為偶人而戮之。為革囊而射之。嗚呼。得罪於天。豈可逃哉。震雷殞軀。天之降罰。亦甚明矣。

妲己害政
商紂王
妲己

後

商史紀。紂伐有蘇獲妲已。妲已有寵其言是從。作奇技淫巧以悅之。使師延作朝歌北鄙之音。北里之舞。靡靡之樂。造鹿臺。為瓊室玉門。厚賦歛以實鹿臺之財。盈鉅橋之粟。以酒為池。懸肉為林。使男女裸而相逐。宮中九市。為長夜之飲百姓怨望。諸侯有畔者。妲已以為罰輕威不立。紂乃為銅柱。以膏塗之。加於炭火之上。令有罪者行焉。輒墮炭中以取妲已笑。名曰。炮烙之刑

解 商史上。記紂無道。恃強用兵。征伐有蘇氏之

國有蘇氏畏其威力。進獻箇美女。叫做妲已紂得了妲已甚是寵愛他。但是他說的就聽。造作奇巧的服飾器物。以悅其心。使樂官師延作為朝歌北鄙之音、北里之舞、靡靡之樂、大率都是淫聲、又窮極土木之工。造鹿臺一座。以瓊瑤為室。以玉石為門。厚斂百姓的財物以為私積。那鹿臺之內。錢財充實。鉅橋之倉。粟米盈滿。又鑿箇大池盛酒。懸掛鳥獸之肉為林。使男女裸體馳逐於其間。宮中又開設九處店市。與外人交易買賣。君臣酣飲。從夜達旦。竭民膏血。極欲窮奢。所以一時的百姓每都興嗟含怨。困苦無聊。諸侯有背畔者。妲己說諸侯之畔。都因罰輕誅薄。主威不立所致。紂聽其言。使人鑄銅為柱。柱上抹上脂油。下面燒起炭火。將銅柱加於炭火之上。使有罪的人。在柱上行走。那銅柱既熱又滑。人如何行得。就都墮在炭火中燒死。妲己看見。以為笑樂。這箇叫做炮烙之刑。嘗考之於史。說商紂聞見甚敏。材力過人。使其有此才智而䟽親近賢臣容納忠言則其惡豈至於此哉乃醢鄂侯剖比干而唯婦言是用欲不亡得乎萬世之下言大惡者必曰桀紂女禍之烈一至於此有天下者可不戒哉

八駿巡遊

後十
周穆王

周史紀穆王臣造父善御得八駿馬王使造父御之西巡樂而忘返東方徐夷乘閒作亂周乃中衰

解 周史上記穆王時有箇臣叫做造父善能御車駕馬是時穆王得了八匹極善走的駿馬使造父駕着往西方去巡幸當時天下太平穆王駕着那駿馬任意遨遊不思返國把朝廷政事都廢了民心離叛東方有箇徐夷因此乘空造反僭稱為徐偃王近徐的諸侯多有往朝於徐者周家的王業到此中衰夫穆王初年亦是箇

英明之主。後来只為用了造父。躭於遊幸。遂致
政亂國衰。然則人君之舉動。可不慎哉

戲舉烽火
周幽王
褒姒

◎

後十二

文。紀幽王嬖愛褒姒。褒姒不好笑。王說之萬方。不笑。王與諸侯約。有寇至舉烽火為信則舉兵来援。王欲褒姒笑。乃無故舉火。諸侯悉至。至而無寇。褒姒大笑。後犬戎伐王。王舉火徵兵。兵莫至。戎遂殺王於驪山下。虜褒姒。

【解】周史上。記幽王寵愛美女褒姒。褒姒性不好笑王只要得他一笑。設了萬般的方法。引褒姒笑。褒姒故意只是不笑。先是王與諸侯相約。若有賊寇兵至。就煙墩上舉起烽火為信。則列國舉兵来救援。至是王念無可動褒姒笑者。遂無故舉烽火。諸侯望見。只説有賊兵到了。都領兵来救援。一時齊到城下。却不見有賊兵。褒姒見哄得衆諸侯空来這一遭。乃不覺大笑。然諸侯由此不信幽王。後犬戎調兵伐王。王復舉火召兵。諸侯見前次哄了他。這遭一箇也不来。王遂被犬戎殺害於驪山之下。連褒姒也虜去了。夫女色可遠。不可近。近則為其所迷。而舉動不知謹。患害不知慮。幽王只為要褒姒懽喜。至無故

徵天下之兵以供其一笑卒致身弑國亡其昏
暗甚矣謚之曰幽不亦宜乎

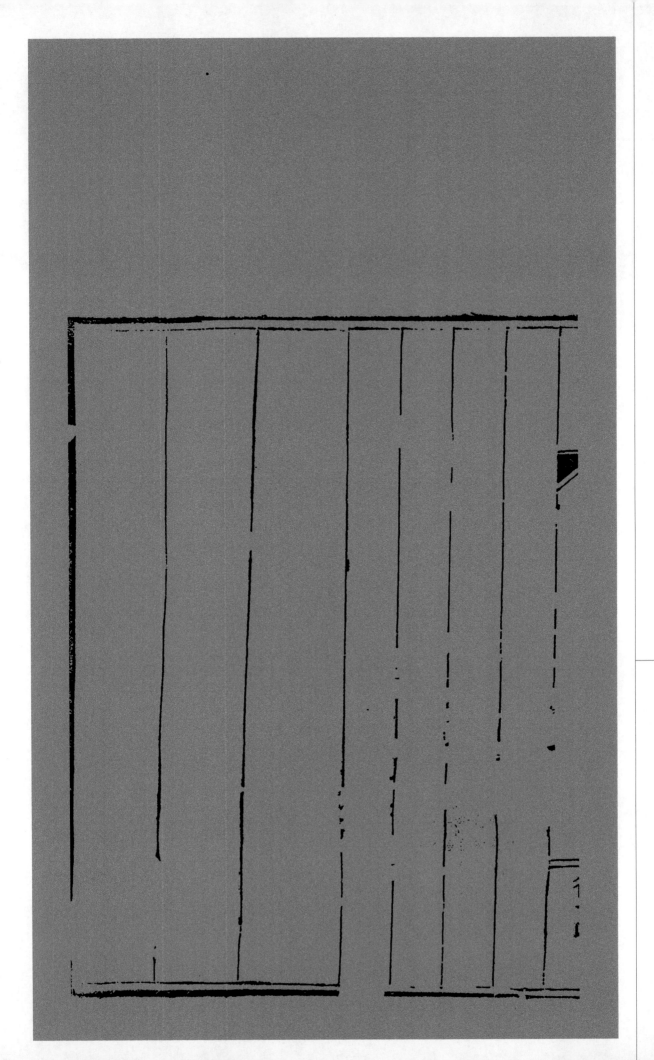

遣使求仙

秦始皇

秦史紀始皇帝東巡海上。遣方士齊人徐市等入海求蓬萊方丈。瀛洲三神山及仙人不死之藥。徐市等誑始皇。言未能至。望見之焉。請得齋戒。與童男女。及百工之事求之。即得之矣。始皇從其言。使童男女三千人。與百工之事偕往。徐市止。王不来

解 秦史上。記始皇帝好神仙。說海中有三座山。一名蓬萊。一名方丈。一名瀛洲。這三座山都是神仙所居。始皇東巡至海上。遣方士齊人徐市等入海訪求此三山。及仙人長生不死之藥。這

神仙之説。本是妄誕。徐市因始皇好之。遂哄他説。海中實有三神山。臣等雖不曾到。常在海上望見之焉。請得齋戒。與童男童女。及百工技藝之人。入海求之。則三山可到。不死之藥可得也。始皇不知其詐。遂發童男童女三千人。及百工技藝之事。使徐市等泛海求之。徐市得了這許多人。走在海外尋箇地方。就在那裏做了王。不回來。而仙藥終不可得也。嘗觀秦始皇既平六國。凡平生志欲。無不遂者。所不可必得者壽耳。

於是信方士之言。覓不死之藥。竟為徐市等所誑。何其愚哉。至漢武帝。亦遣方士入海。求蓬萊安期生之屬。終不可得。迨其末年。始悔為方士所欺。乃曰。天下豈有仙人。盡妖妄耳吁。亦晚矣。宜史臣表而出之。以戒後世人主之惑於方士者

坑儒焚書
秦始皇

後十八

秦史紀始皇三十四年。用李斯之言。燒詩書百家語。有敢偶語詩書者棄市。以古非今者族。吏見知不舉者與同罪。所不去者。惟醫藥卜筮種樹之書。侯生。盧生。相與譏議始皇。因亡去。始皇聞之大怒曰。諸生為妖言以亂黔首。使御史案問。諸生轉相告引。犯禁者四百六十餘人。皆阬之

（解）秦史上。記始皇帝三十四年。從丞相李斯之言。天下人但有私藏詩書。及百家言語文字者都着送官。盡行燒燬。再不許天下人讀書。有兩

人成偶。口談詩書者。就戮之於市。有援引古事非毀當今者。全家處死。官吏有見知不舉發者與之同罪。所存留不燬者。只是醫藥與卜筮種樹。這幾種小書而已。時有儒士侯生。盧生。兩箇人相與譏議始皇所為不合道理。又恐得罪。因逃去躲避。始皇聞之大怒。說這儒生每造為妖言。煽惑人心。不可不誅。乃使御史訪察審問之。諸生互相訐告。攀扯連累。凡犯誹謗之禁者。四百六十餘人。皆阬殺於咸陽地方。夫自古帝王欲治天下。未有不以崇儒重道為先務者。而始皇乃獨反其道。至使典籍盡為煨燼。衣冠咸被屠戮其罪可勝言哉。至漢高帝過魯以大牢祀孔子。文帝除挾書之律。武帝表章六經。公孫弘以儒生為宰相。而孔氏之教乃復興。夫觀秦之所以亡。與漢之所以興者。得失之效。昭然可覩矣

大營宮室

後廿一

秦史紀始皇以先王宮廷小。乃營朝宮渭南上林苑中。先作前殿阿房。東西五百步。南北五十丈。上可以坐萬人。下可以建五丈旗。周馳為閣道。自殿下直抵南山。表山巔以為闕。複道渡渭。屬之咸陽。計宮三百。帷帳鐘鼓美人充之。各案署不移徙

【解】秦史上記始皇建都咸陽。以先王所住的宮殿狹小。不足以容。乃營建朝宮於渭南上林苑中。先起前面一座殿。叫做阿房殿。這殿的規制。自東至西。橫濶五百步。自南至北。入深五十丈

上面坐得一萬人。下面豎立得五丈高的旗。只這一座殿其高大深濶如此。其他可知矣。周圍四邊。俱做可馳走的高閣道。自殿下直至南山就南山頂上。豎立闕門。其壯首砌一條複道。直跨過渭水如橋梁一般。接着咸陽都城。計建立的離宮有三百所。一一都有鋪設的帷帳等物作樂的鐘鼓等器。及四方美女。充實其中。以待始皇遊幸。但所到之處。百事俱備。不用那移。夫自古帝王。皆以民力為重。不忍輕用。知民心之向背。乃天命去留所繫也。始皇竭天下之力以營宫室。極其壯麗。自謂可樂矣。而民心離叛。覆滅隨之。竟爲項羽所焚。悉成煨燼。吁。可鑒哉

女巫出入

後廿四

漢史。紀武帝時。女巫往来宮中。教美人度厄。每屋輙理木人祭之。因妬忌恚罵。更相告訐。以為呪咀。上怒。多所擊殺。上心既疑。嘗夢木人數千。持杖欲擊上。因是體不平。江充自知為太子所惡。因言上疾。祟在巫蠱。於是使江充治巫蠱獄。充云。於太子宮得木人尤多。太子憤恨。無以自明。於是發武庫兵捕江充誅之。武帝怒。使人捕太子。太子自縊

（解）西漢史上。記武帝時。縱容民間女巫出入宮中。女巫。如今師婆之類。教宮人每祈禱解厄。刻

木為神道形像。埋在屋裡。時常禱祀以祈福。於是宮人每有彼此妬忌怨罵者。就告訐於武帝。說他每在背地裡雕刻人形。魘鎮呪咀主上。武帝發怒。打死宮人甚多。武帝心中既疑。嘗夢木人數千。持杖要來打他。因此身體欠安。有奸臣江充。自知太子惡他。見帝年老。恐日後為太子所誅。因奏說。主上這疾。由巫蠱魘鎮所致。武帝信之。就着江充窮治巫蠱之獄。徧宮中掘地搜尋木人。江充就借此傾陷太子。說臣到太子宮中。掘得木人尤多。武帝怒。太子負屈無以自明。不勝憤恨之心。遂擅發武庫兵仗。捕得江充誅之。武帝愈怒。說太子謀反。使人捉拏太子。太子惶懼。走出湖縣。自縊而死。大抵婦人妬寵相讒乃其常態。但使宮禁嚴密。不許外人擅自出入。妃嬪近幸之人。不許彼此無事往來。則閨閫自然清肅。讒害不生。至於女巫邪術。尤不可近。俗語云。三婆不入門。便是好人家。謂師婆。卦婆。賣婆也。況於天子之宮禁。而可容此輩出入乎。武

帝只因不能禁絕於初。故致自生疑惑。而奸人乘間搆禍骨肉傷殘。後雖追悔。亦何及哉。此萬世所當鑒戒也

五侯擅權

後二十七
漢成帝
王逢時
王根
王立
王商
王譚

漢史。紀成帝初立。以元舅陽平侯王鳳為大司馬大將軍輔政。諸舅譚。商。立。根。逢時。同日封侯。世謂之五侯。是日黄霧四塞。商根又相繼秉政。王氏一門乘朱輪華轂者二十五人。分據勢要。朝士皆出其門。賂遺四面而至。五侯爭為奢侈。大治第室。至為赤墀青瑣。起土山漸臺像白虎殿。穿城引灃水注第中。羣臣及吏民多上書言王氏威權太盛。上皆不聽。於是王氏益横。其後新都侯王莽遂篡漢自立

【解】西漢史上。記成帝初即位。待太后家王氏過厚。用長舅陽平侯王鳳做大司馬大將軍。專執朝政。諸舅王譚。王商。王立。王根。王逢時。五人同日都封為列侯。當時人稱他做五侯。受封之日。黃霧四塞。天戒甚明如此。而成帝不悟。後來王商。王根。又繼王鳳秉政。王氏一門貴盛。乘朱輪華轂之車者多至二十五人。都分占勢要之官。朝中仕宦箇箇是他門下私人。餽送財寶者。四面而至。五侯爭以奢侈相尚。大起第宅。窮極壯麗。至用赤土為墀門戶上刻成連瑣。而以青色塗之。僭擬朝廷宮殿的制度。園中起土山漸臺。恰似白虎殿一般。又徑自鑿開長安城墻。引城外的灃水到他宅裡為池。其奢僭如此那時羣臣及官民人等。多上書說王氏威權太盛恐不可制。成帝只為溺愛母家。都不聽其說。因此王氏越發橫恣。無所忌憚。其後平帝以幼年繼立。新都侯王莽專政。威權盡歸其手。遂毒殺平帝篡漢自立。夫人君之於外戚固當推恩。但不當假以權柄。不幸而有罪亦宜以法裁之。漢文帝知后弟竇廣國之賢而不肯用。誅其舅薄昭之罪而不少貸。後世稱明焉。成帝不思祖宗貽謀之意。乃使諸舅更執國政。子弟分據要官。至於驕縱不法。一切置而不問。養成篡弒之禍。豈非千古之鑒戒哉。人主欲保全外家。惟厚其恩賚而毋使之干預朝政。則富貴可以長守矣

市里微行

後羊

漢史紀成帝為微行從期門郎或私奴或乘小車或皆騎出入市里郊野遠至旁縣鬬雞走馬常自稱富平侯家人富平侯者侍中張放也寵幸無比故假稱之

解 西漢史上記成帝好微行微行是私自出外行走不使人知其為天子也他既是私行所以不乘輦輅也不要百官扈駕只悄悄地着幾箇禁衛的期門郎或常侍的僕役跟隨着或時坐一小車或混同隨從人都一槩騎馬出入街市

坊里荒郊野外。遠至隣京縣邑。鬭雞走馬。以為戲樂。此時侍中張放。封富平侯。得寵于上。貴倖無比。成帝乃假充做張放的家人。以震服人心。泯其形迹。夫以天子之尊。出入警蹕。前後法從。有和鸞鳴珮之節。凡以別等威備非常。肅臣下之觀望也。成帝自輕其身。遨遊市里。又妄自貶損。稱為富平家人。其玷辱宗社甚矣。何以君天下而臨萬國哉

寵眤飛燕
漢成帝
飛燕
淖方成
合德

後卅二

漢史。紀成帝微行、過陽阿主家。見歌舞者趙飛燕
而悅之。召入宮。大幸。有女弟合德。姿性尤穠粹。亦
召入、披香博士淖方成在帝後唾曰。此禍水也。滅
火必矣。後姊弟俱立為婕妤。果譖告許皇后咒詛
王上。帝乃廢許后。而立飛燕為后

解 西漢史上。記成帝微行時。一日到陽阿公主
家。有個歌舞的女子。身體最輕。能為掌上舞。名
叫趙飛燕。成帝見了。甚是喜悅。就召入宮中。大
得寵幸。飛燕有個妹子。名叫合德。姿容性格。更

是穠艷粹美。亦復召入。時披香殿裏有個博士姓淖。名方成。最有識見。跟隨在成帝之後。見了飛燕姊妹這等模樣。知是不祥之兆。因以口唾之。說道。漢家以火德。王天下。此女子入宮。必亂國家。乃禍水也。滅火必矣。其後飛燕姊妹。日見寵幸。不久俱封為婕妤。果然在成帝面前讒譖許后。說他詛呪主上。成帝信其言。遂將許后廢處昭臺宮。而立飛燕為后。卒以敗德亂政焉。夫自古亡國非一。而女色居其大半。豈女子有色遂為害哉良以有色無德故耳蓋婦德必貞靜幽閑端莊雅重無邪媚輕佻之態者然後可以配至尊奉宗廟而母儀天下飛燕姊妹以倡優歌舞賤人而帝乃寵之為后其視桀寵妹喜紂寵妲已又有甚矣漢祚之衰實自此始可嘆也哉

嬖佞戮賢
漢哀帝
董賢
鄭崇

後三十五

漢史。紀哀帝時。侍中董賢姿貌美麗。以和柔便僻。得幸於上。貴震朝廷。常與上臥起。詔將作大匠為賢起大第。窮極技巧。賜武庫禁兵。尚方珍寶。及東園秘器。無不備具。鄭崇諫上。上怒。下崇獄。竟死

解 西漢史上。記哀帝時。有箇侍中。叫做董賢。他容貌美麗。性體和柔。而便佞邪辟。以此得帝寵幸。至與帝同臥起。其尊貴之勢。震動朝廷。帝詔令總管營建的將作大匠。替董賢起蓋大第宅。諸般的技能工巧。無不做到。又賜他武庫裡禁

兵尚方的珎寶及東園中塋器皆朝廷所用俱
以賜賢無一不備者其時有箇賢臣鄭崇因此
諫爭以為不可上怒而下崇於獄竟死獄中夫
哀帝初年躬行節儉政事皆由己出亦可以為
明主到後一寵董賢遂至顛倒迷惑無復顧惜
卒以促亡人君之寵狎倖其禍如此

二

侍亂政
漢靈帝

後三七

漢史紀桓帝封宦者左悺貝瑗徐璜唐衡單超為列侯侯覽上縑五千匹封高鄉侯又封小黃門八人為鄉侯悺等皆據勢擅權交通賄賂五侯尤貪縱傾動內外天下為之語曰左回天貝獨坐徐臥虎唐兩墮兄弟姻戚宰州臨郡與盜無異民不堪命多為盜賊其後中常侍曹節王甫及趙忠張讓等十常侍相繼專政濁亂海內尋召董卓之亂漢因以亡

〔解〕東漢史上記桓帝封中官左悺貝瑗徐璜唐

衡。單超。五人俱為列侯。時帝方賣爵。因侯覽上縑五千匹。也封為高鄉侯。又。封小黃門八人俱為鄉侯。由是悺等。占據勢要。專擅威權。交通四方賄賂。就中五侯尤為貪婪放縱。氣焰熏灼。那時有箇民謠。叫左悺做左回天。言其勢力能轉動人主的意向也。叫貝瑗做貝獨坐。言其豪貴無人敢與相並也。叫徐璜做徐卧虎。言其如卧虎之可畏也。叫唐衡做唐兩墮。言其任意妄為東西無定也。左悺等的兄弟親戚。又多是無賴之人。箇箇都叨冒官職，有做一州方伯的，有做一郡太守的。遍布天下。貪贓壞法，陵虐小民，就與盜賊一般。百姓每困苦無聊，往往逃亡，去為盜賊。其後有中常侍曹節、王甫，及趙忠、張讓等十箇常侍，相繼專擅朝政，起黨錮之獄，殺賢臣竇武、陳蕃、李膺等百餘人，任意縱橫，濁亂海內，遂致黃巾賊起。未幾，董卓舉兵內向，劫遷天子，漢隨以亡。按天文志，宦者四星，在帝座之側。中官給事左右，供奉內庭，蓋王制所不可少者。但不宜授以兵權。使得專制朝廷耳。考之當時。中常侍呂彊清忠好直諫。最爲善良。使桓帝左右皆小心端慤。如呂彊之流。而外任賢臣李固黃瓊等以爲股肱心膂。則漢至今猶存可也。柰何不顧祖制。寵之以五等之封。授之以威福之柄。遂使權傾人主。毒流海內。亂亡之禍。豈非自取之哉

西廂鬧齋

後四十二
漢靈帝

漢史。紀靈帝開西邸賣官。入錢各有差。二千石。二千萬。四百石。四百萬。其以德次應選者。半之。令長隨縣好醜。豐約有賈。富者先入。貧者到官倍輸。又私令左右賣公卿。公。千萬。卿。五百萬。於西園立庫貯之。以為私藏

【解】東漢史上。記靈帝於西園中。開設邸舍。如市店一般。鬻賣官爵。官有大小。則納錢各有差等。秩二千石的。如今之知府等官。則納錢二千萬。秩四百石的。如今之縣令等官。則納錢四百萬。

就是本等以德行次序應該選除的也要他納錢一半纔許他做官令長即今之知縣隨那地方的好歹以為納錢多寡都有定價富者納完了錢纔與他官做貧者賒與他着他到地方後加倍補納又私令左右之人賣公卿公卿大官必是資望相應的然非因近倖入錢亦不肯便與公賣錢一千萬卿賣錢五百萬將這賣官的錢都收貯在西園庫裡以為自家的私藏考之於史靈帝初為侯時常苦貧及即位嘆桓帝不

䏻作家計。無私錢。故賣官聚錢如此。夫朝廷官爵。以待賢才。書言官不及私昵。爵罔及惡德。任意與人。猶且不可。況賣之以為私藏乎。且天子富有四海。安用私藏。乃使市販之輩。冒濫冠裳。賢才之人。高蹈畎畝。上壞朝廷名器之公。下遺百姓剥削之害。未及五年。大盜四起。宗廟社稷且不可保。西園私藏。果安在哉。此正大學所謂一人貪戾。一國作亂者也

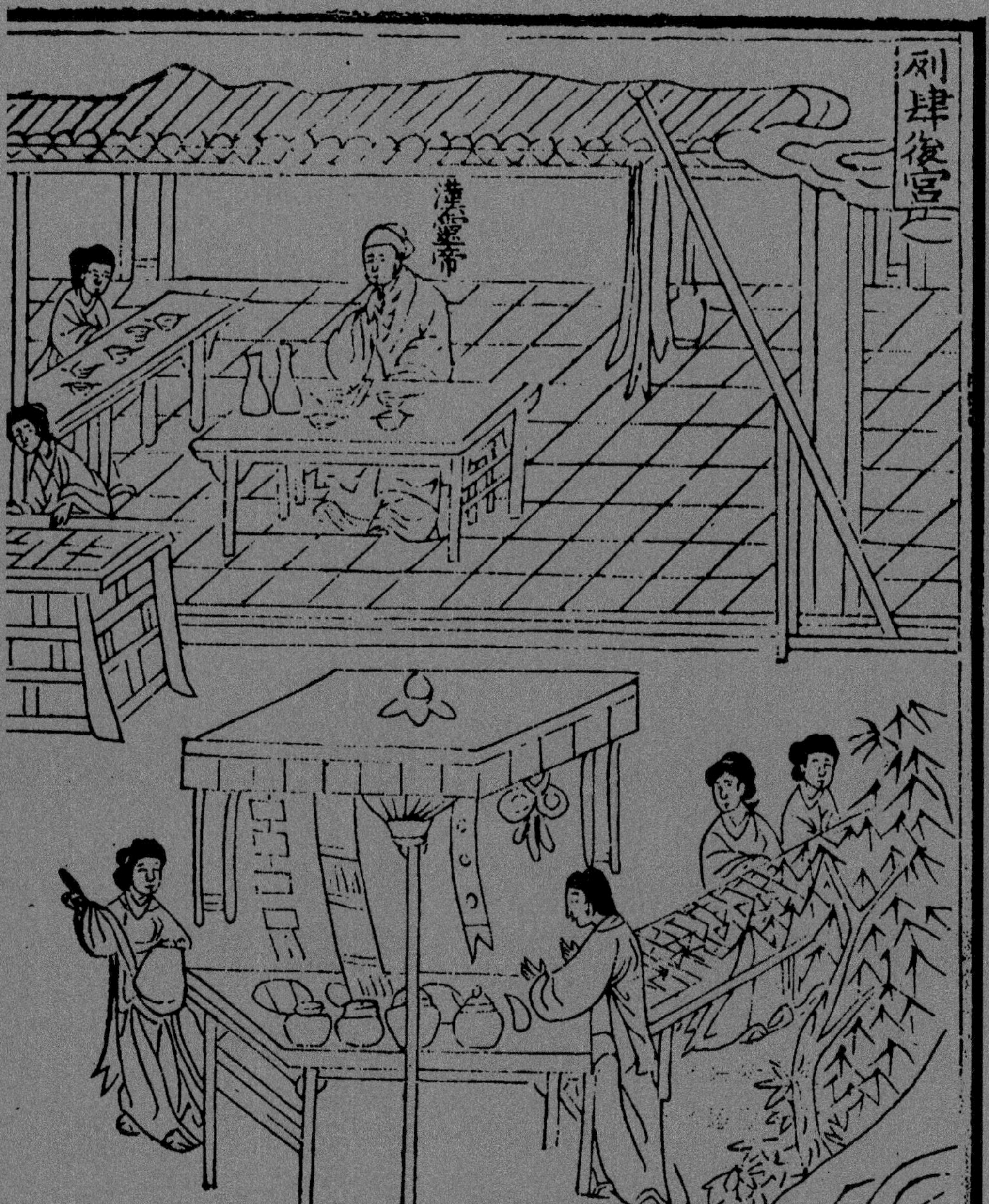
列肆後宮
漢靈帝

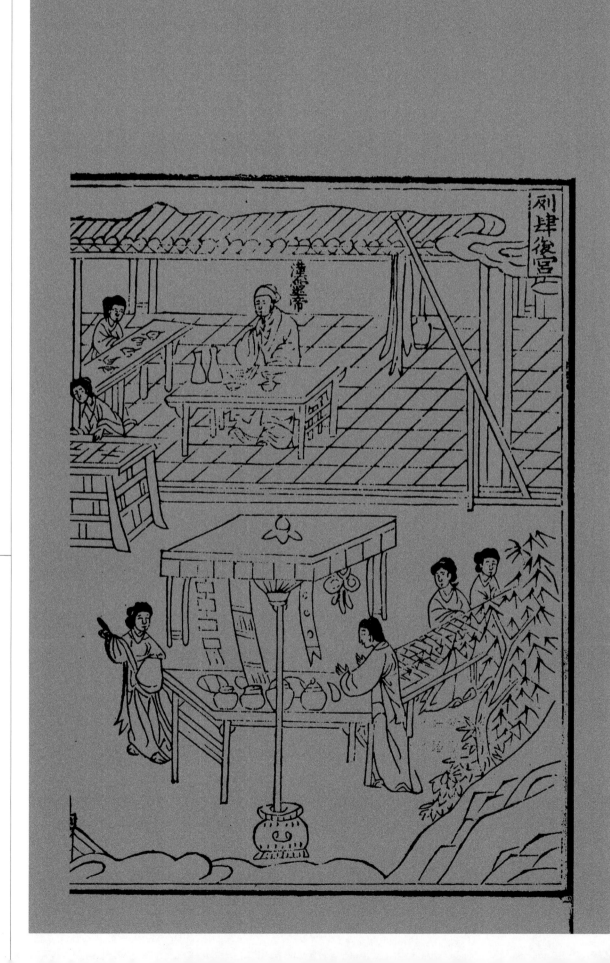

後四十三

漢史。紀靈帝作列肆於後宮。使諸采女販賣。更相盜竊爭鬬。帝着商賈服。從之飲宴爲樂

（解）東漢史上。記靈帝於後宮中。蓋造鋪店。積聚各樣貨物。使宮中衆采女。都學外面市井上人。交易販賣。又使之彼此偷盜。爭鬬諠譁。故意做出那市井上的模樣來。靈帝也穿着外面買賣人的褻衣。裝做商賈。隨着衆宮人在酒肆中飲宴。以爲懽樂。夫靈帝之時。奸邪滿朝。權綱不振天怒人怨。災變疊興。乃不知恐懼修省。任賢圖

治而遊樂宮中甘同商賈下賤人的勾當兼且弄狗着冠騎驢操轡褻尊敗度之事無所不為人心如何不離盜賊如何不起東漢之亡也豈獻帝之罪哉

芳林營建

魏明帝

魏史。紀明帝好土功。大營宮殿。役連歲不休。徙長安鐘簴銅駝承露盤於洛陽。鑄銅人二。列司馬門外。又鑄黃龍鳳凰。置內殿前。起土山於芳林園。使公卿皆負土。樹襍木善草捕禽獸致其中。光祿勳高堂隆。尚書衛覬。及司徒掾董尋。皆上疏極諫。不聽

解 三國魏史上。記明帝叡好土木之功。即位後大營建宮殿。既作許昌宮。又作洛陽宮。工役連年不得休息。遷徙長安城中秦漢時所造的鐘

架銅槖駝及銅承露盤到洛陽來用銅鑄兩箇
極大的人喚做翁仲擺列在司馬門外又鑄成
黃龍鳳凰安置在內殿前面築一座土山於芳
林園欲其速成乃使公卿大臣每都親自搬土
助工山既成了使人栽種雜木好草又捕捉各
樣禽獸放在中間就與真山一般光祿勳高堂
隆尚書衛覬及司徒掾董尋都上奏疏極諫其
失明帝通不聽他興作如故夫人君以一人治
天下非以天下奉一人也明帝之時三方鼎立

力行節儉，猶恐不足以為國，而乃勞人動衆為不急之務。且公卿大臣，朝廷之所素敬禮者，至使之負土為山，沾手塗足，尤非使臣以禮之道矣。未幾，明帝早崩無嗣，不及一享其樂，魏之天下，又隨為司馬氏所篡。彼銅人土山之玩，果為誰而作哉

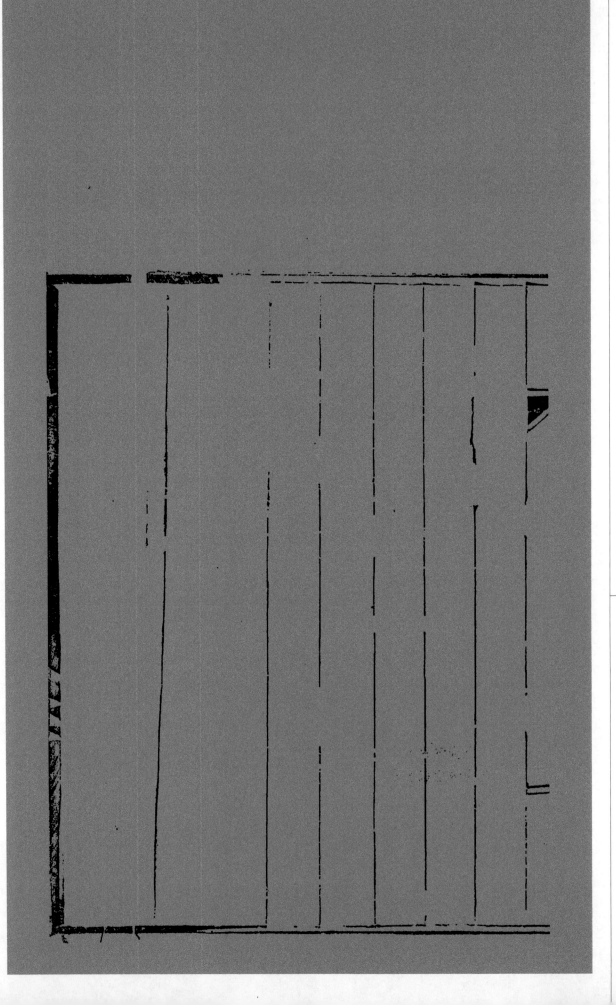

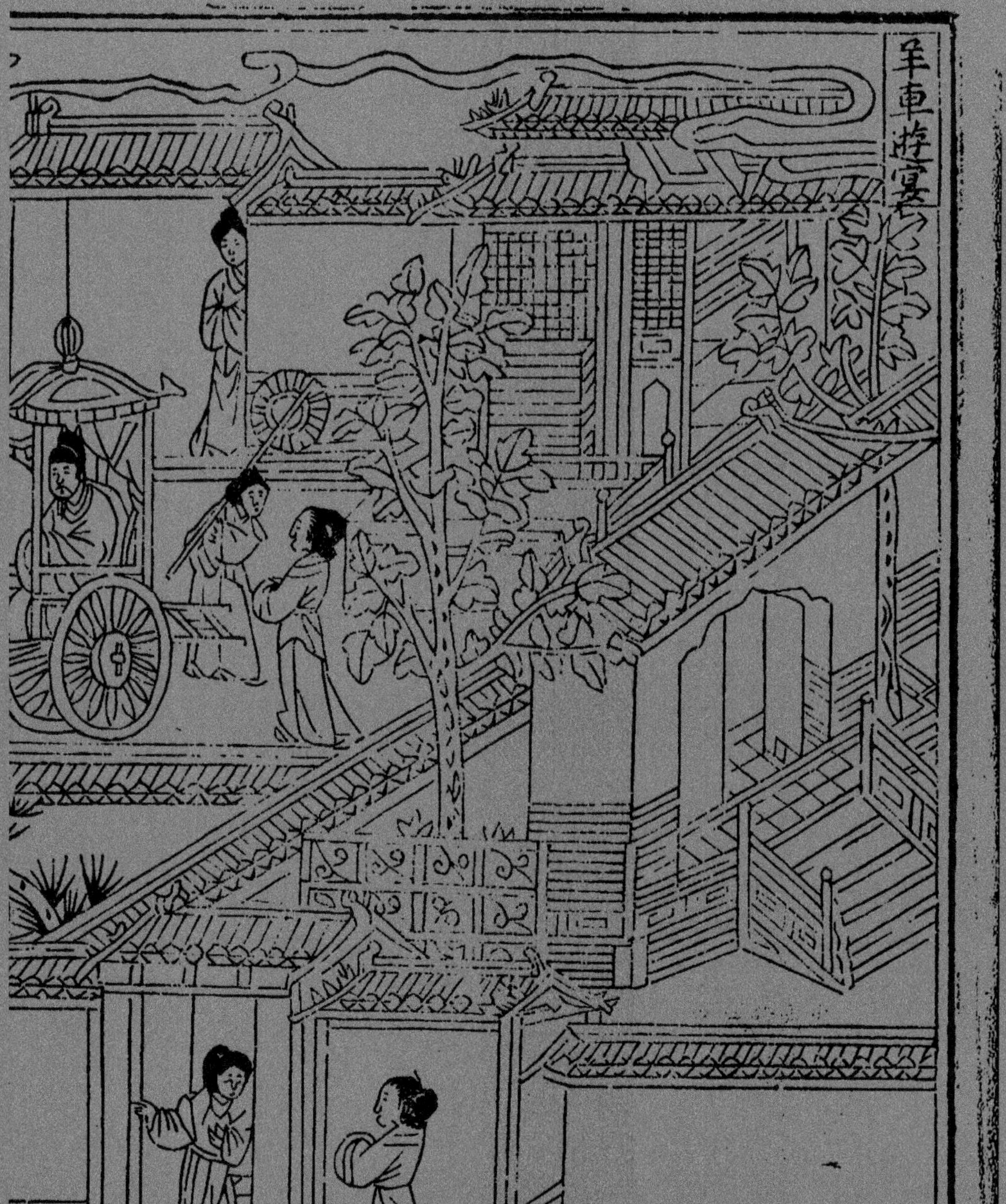
羊車游宴

後四十八
晉武帝

晉史。紀武帝既平吳。頗事遊宴。怠於政事。掖庭殆將萬人。常乘羊車。恣其所之。至便宴寢。宮人競以竹葉插戶。鹽汁灑地。以引帝車。而后父楊駿始用事。交通請謁。勢傾內外。朝政大壞。至其子惠帝遂有五胡亂華之禍

【解】晉史上。記武帝自平吳之後。以為天下一統。四海無虞。遂驕縱放逸。好遊幸宴樂。不理政事。後宮婦女。多至萬人。欲有所幸。不能自決所往。因以羊駕車。認他行去。羊所往處。就在那裏住。

下。宴樂寢宿。于是宫人望幸者多。都把竹葉插在門上。鹽水灑在地下。引得那羊來食之。以佳帝車而宴寢焉。因武帝這等荒淫無度。不理國事。於是皇后之父楊駿。得以專權擅政。交通請託。威福權勢。傾動内外。朝政日以壞亂。至其子惠帝又不肖。夷狄交侵。五胡亂華。而中朝之禍自此始矣。向使武帝平吴之後。兢兢業業。常如前日。則帝亦明達之主也。駿安得而用事。天下何從而啟亂哉。

笑祖儉德
宋武帝駿

宋史。紀宋主駿大修宮室。土木被錦繡、壞高祖所居陰室。起玉燭殿。與羣臣觀之。牀頭有土障。壁上掛葛燈籠、麻蠅拂、袁顗盛稱高祖儉德。宋主曰。田舍翁得此。已為過矣

解 六朝宋史上。記宋主劉駿性好奢侈。嫌他父祖的宮室卑小。乃從新大修造一番。墻壁門柱上。都被着錦繡。宋高祖生前住的去處。叫做陰室。後世以藏高祖的御服。他要把這陰室拆了。改造玉燭殿。因與羣臣往那裏觀看。見陰室裡

面牀頭有箇屏障。是土做的。墻上掛箇燈籠。是
葛布輓的。掛箇蠅拂。是麻繩結的。這都是高祖
生前常用的器物。質朴儉素。故留之以示子孫
也。其臣袁顗因盛稱高祖的儉德。欲以感悟宋
主。宋主反笑話說。高祖起於農畝而為天子。本
是箇庄家老。他有這箇受用。已是過分了。豈可
與今日同語哉。夫不念祖宗創業之艱。法祖宗
崇儉之德。且嘲誚如此。尚謂有人心乎。未及一
年。他就殁在這玉燭殿裏。其子子業。濟惡更甚

遂被簒弑之禍傳曰儉德之共也侈惡之大也

豈不信哉

金蓮布地
潘妃
齊王

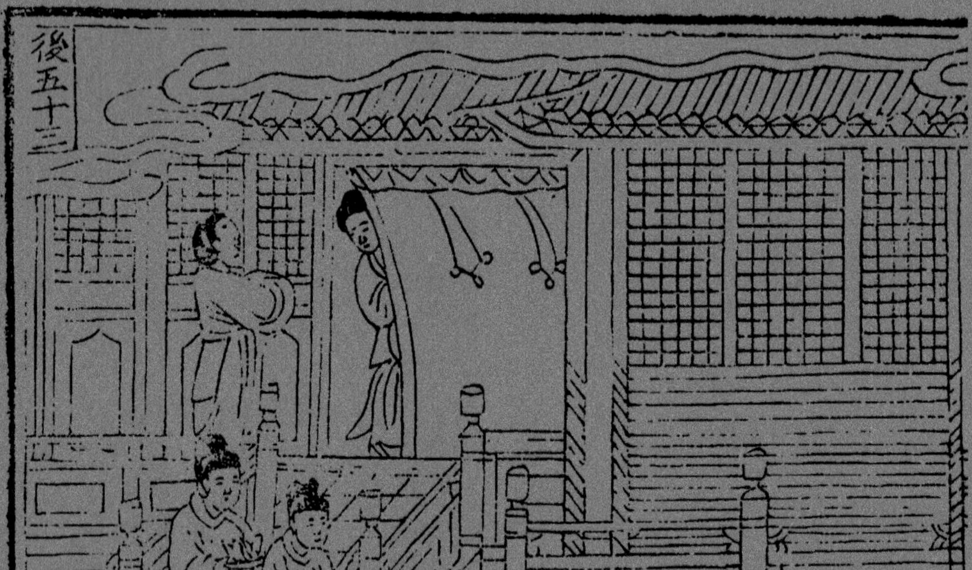
後五十三

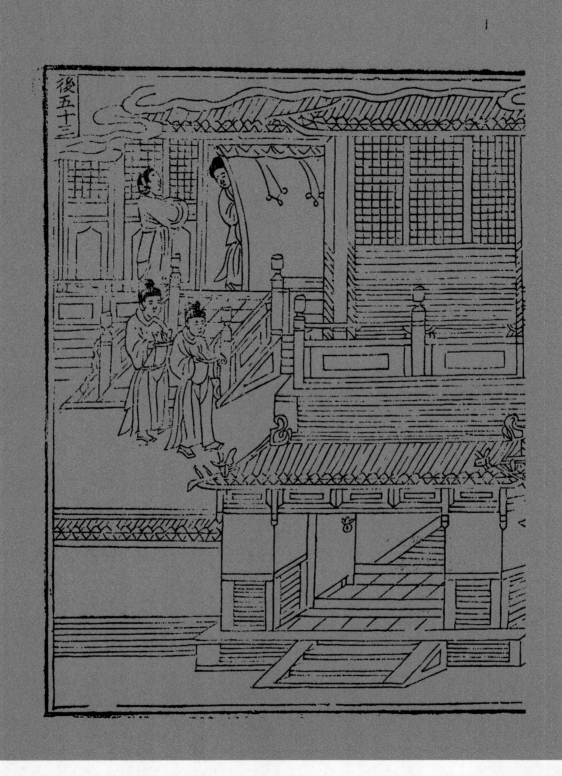

齊史。紀齊王寶卷。荒淫奢侈。後宮服御。極選珎竒。寵愛潘妃嘗鑿金為蓮花以帖地。令潘妃行其上曰。此步步生蓮花也。嬖倖因縁為姦利。課一輸十。百姓困窮。謕泣道路

（解）六朝齊史上。記齊主寶卷。荒淫奢侈。凡後宮的服飾器用。必選那極品珎貴奇異之物。寵愛一箇女子潘妃。嘗以黃金打成蓮花。帖在地上。教潘妃在上面行走。齊主觀而悅之。說道。這箇是步步生蓮花也。自是取用浩繁。而嬖愛寵幸

之人。乘機以行姦網利。指一科十。由此百姓困窮。無所告訴。惟號泣道路而已。其荒淫奢侈如此。在位二年。竟為嬖臣王琳國等所弑。蕭衍因而篡齊。敗亡之禍。豈非自取之哉

捨身佛寺
梁武帝

後五五

梁史紀武帝幸同泰寺。設大會。釋御服。持法衣。行清淨大捨。素牀瓦器。乘小車。役私人。親為四衆講涅槃經。羣臣以錢一億萬奉贖。表請還宮。三請乃許。

解 六朝梁史上。記武帝惑于佛教。尊信甚篤。親自幸同泰寺。設為大會。聚集僧俗人衆。脫去袍服。穿了僧衣。行清淨大捨施之法。脩持齋素。出了家。把自己的身子捨在寺裡。睡的是素牀。用的是瓦器。坐的是小車。使喚的只是幾箇家人。

屏去了天子的奉養。件件用度與那出家的一樣。又親升講堂法座。為僧俗大衆講涅槃經。佛家説。人死去精神常存。但示寂滅而已。叫做涅槃。故有涅槃經。武帝信之。故親講與衆人聽。文武羣臣見武帝迷惑捨身在寺裡。無可柰何。乃共出錢十萬。獻在佛前。贖出武帝來。上表請帝還宮聽政。武帝初時不肯。懇請三次。然後許之。夫佛家棄父母妻子。捨身出家。乃西夷之教。不可以治天下。梁武帝不思宗廟社稷之重。土地

人民之託。妄自捨身佛寺。傾國以奉浮屠。不過惑於因果報應之説耳。後來侯景之亂。餓死臺城。佛安在哉

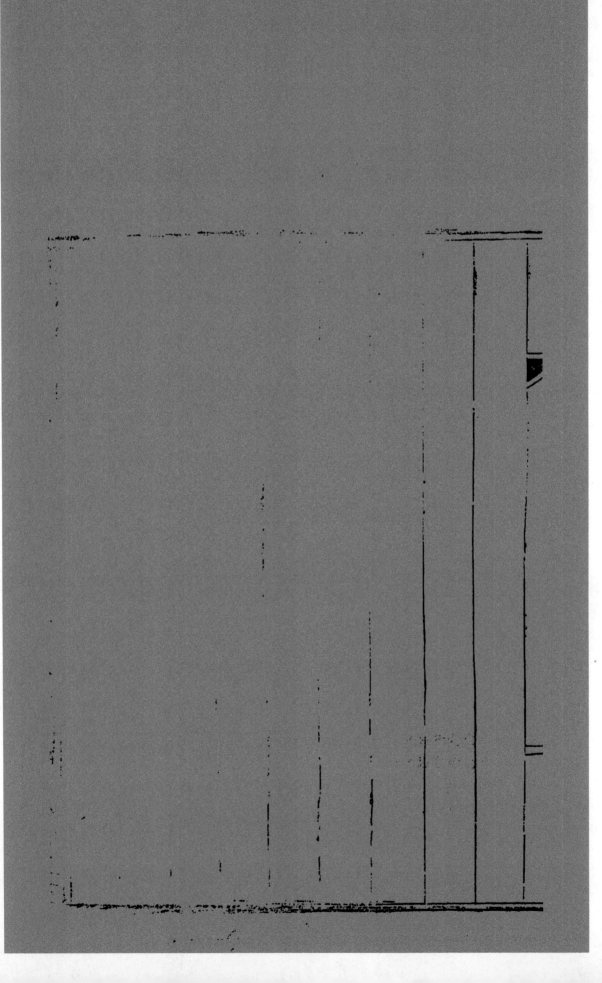

楊愔
北齊主洋

後五十八

齊史紀齊主洋嗜酒淫佚肆行狂暴嘗作大鑊長鋸剉碓之屬陳之於庭每醉輒手殺人以為戲樂楊愔乃簡死囚置仗內謂之供御囚齊主欲殺人輒執以應命

解 六朝齊史上記齊主高洋好酒而荒淫佚樂肆行狂暴嘗做下烹人的大鍋解人的長鋸與鐵剉碓臼等物擺列庭中以為刑具每醉便手自殺人以為戲樂那時宰相楊愔不忍無罪之人被殺乃簡那該死的囚犯置列庭仗之內叫

做供御因。待齊主醉後要殺人之時。就以此因應命。夫人命至重。雖犯罪該死。猶且三覆五奏然後行刑。是以禹見罪人。下車而泣。重人命也。齊主酷暴若此。豈不大失人心。然齊主即位之初。亦嘗留心政事。推誠任使。軍國機務。獨自裁決。可為賢主。後来只因好酒亂性。遂成無道之君。此大禹之所以絕旨酒。而書作酒誥以為戒也

華林縱逸

後六

齊史。紀齊主緯好自彈琵琶。爲無愁之曲。民間謂之無愁天子。於華林園立貧兒村。自衣藍縷之衣。行乞其間以爲樂

解 六朝齊史上。記齊後主緯。好自彈琵琶唱曲。所唱的曲子音調哀慘。聞者悲傷。又名無愁之曲。說他做天子。長享快樂。更無憂愁也。民間相傳其事。遂號他爲無愁天子。嘗於華林園内立貧兒村。自家穿着藍縷衣服。粧做乞人的模樣。行乞飲食以爲戲樂。荒縱至此。焉得不亡。後爲

周宇文邕所藏

玉樹新聲
陳後主

後六二

陳史紀後主起臨春結綺望仙三閣各高數十丈連延數十間其總牖欄檻皆以沈檀為之飾以金玉間以珠翠其服玩瑰麗近古所未有上每飲宴使諸妃嬪及女學士與狎客共賦詩互相贈答采其尤豔麗者被以新聲選宮女千餘人歌之其曲有玉樹後庭花臨春樂等大畧皆美諸妃嬪之容色君臣酣歌自夕達旦以為常

解 六朝陳史上記陳後主叔寶在位荒淫無度起三座高閣一名臨春一名結綺一名望仙各

高數十丈。濶數十間。其牕牖欄干。都是沉檀好香做成的。又飾以金玉。嵌上珠翠。閣裏所擺設的衣服玩器。都是珍奇美麗之物。近代所未曾見者。其宮室服用之侈如此。後主又好為詞曲。選宮人能文的。叫做女學士。羣臣能文的。如江總。孔範等。都縱容他出入禁中。陪侍遊宴。叫做狎客。後主每飲宴。即命諸妃嬪及女學士。與狎客每同作詩。一贈一答。以為娛樂。無復顧忌。諸詩之中。揀詞語極豔麗的。被諸管絃。新作一樣腔調。選宮女千餘人。都唱此曲。與樂聲相和。其曲有玉樹後庭花。及臨春樂等名目。曲中的說話大畧都是誇美諸妃嬪的容色而已。君臣酣飲狂歌。自夜晚直到天明。每日是如此。以為常事。其聲色遊宴之娛又如此。夫人君為萬民之主。當愛養財力。惟恐不足。兢業政事。猶恐有過。而後主乃窮奢極侈。流連荒亡。其於民力國事。都不暇顧。書曰。内作色荒。外作禽荒。甘酒嗜音。峻宇彫墻。有一於此。未或不亡。今後主有四焉

欲不已得乎

剪綵為花
隋煬帝

隋史。紀煬帝築西苑。周二百里。其内爲海。周十餘里。爲方丈蓬萊瀛洲諸山。高百餘尺。臺觀宮殿羅絡山上。海北有渠。縈紆注海内。緣渠作十六院。門皆臨渠。每院以四品夫人主之。窮極華麗。宮樹彫落。則剪綵爲花葉。綴之。沼内亦剪綵爲荷芰菱芡。色渝。則易以新者。十六院競以殽羞精麗相高。求市恩寵。帝好以月夜從宮女數千騎遊西苑。作清夜遊曲。於馬上奏之

解 隋史上。記煬帝溺於逸遊。用度奢侈。於宮中

營築別苑一所。叫做西苑。周圍有二百里寬。中為海子。周圍亦十餘里。海中起方丈蓬萊瀛洲等山。以象東海中三神山。各高百餘尺。山上都有臺觀宮殿。羅列於上。海子北邊。開一道河渠。縈紆廻繞。引水注於海子內。沿渠蓋院落一十六所。院門都傍臨着河渠。每一座院裏面。都有宮人美女。而以四品夫人掌管。窮極華麗。以恣遊翫。遇秋冬、時節。見宮樹彫落。則剪五綵絹帛為花。為葉。綴於枝條之間。於池沼中。亦剪綵為荷。爲芰。爲菱。爲芡。帖在水面。與春夏間的景物一般。久之若顔色改變。又換上新的。其侈靡如此。那十六院中的宮女。彼此各以餚饌精麗相爭相勝。以此希恩取寵。煬帝遊觀無厭。惟日不足。好乘月夜。隨從宮女數千騎遨遊苑中。命詞人編成清夜遊的歌曲。使宮女於馬上唱之。未幾。又遊幸江都。留連不反。遂以失國。考之於史隋煬帝之父文帝。性貪好利。洛陽府庫。財貨山積。煬帝始爲晉王。譖殺太子而嗣立。即位之初見國家財物緐富遂奢侈縱肆如此嗟乎浚百姓之膏血以實府庫而付之於凶狡淫惡之人貽謀如此不亡何待然則隋室丘墟不獨煬帝之罪蓋亦文帝之過也夫人主欲為後世子孫長久之計唯在示之以恭儉仁厚而審於付託哉

遊幸江都

後六八

隋史。紀煬帝幸江都。龍舟四重。上重有正殿內殿。朝堂。中二重有百二十房。皆飾以金玉。下重內侍處之。皇后乘翔螭舟。差小。別有浮景九艘。三重皆水殿也。餘數千艘。後宮。諸王。公主。百官以下乘之。共用挽士八萬餘人。皆以錦綵為袍。衛兵所乘。又數千艘。舳艫相接。二百餘里。騎兵夾兩岸而行。所過州縣。五百里內。皆令獻食。一州至百轝。極水陸珍奇。後宮厭飫。多棄埋之

【解】隋史上。記煬帝從水路巡幸揚州江都地方。

所乘的龍舟。極其高大。一舟四層上層有正殿。
内殿。朝堂。中两層有一百二十間房。這三層都
用金玉粧飾。第四層是内侍所居。皇后乘的。叫
做翔螭舟。制度畧小些。也一樣華麗。別有九隻
船。叫做浮景一船三層這九隻船都是水殿。以
象離宫別館。其餘船數千隻。是後宫。諸王。公主。
百官以下乘的。共用扯船的夫八萬餘人。皆以
錦彩為衣還有護衛軍士坐的船又數千隻。這
許多船在江中。頭尾相接。二百餘里遠。又有馬

軍擺列着在兩岸上。夾舟而行。所過州縣。五百里内都要供獻飲食。多者一州就有百車。窮極水陸珍奇品味。后宮厭飫用不盡的。無處安頓。多棄埋之。夫煬帝祗為適一已之快樂。不顧百姓之困窮。為巡幸之費。一至於此。豈知民愁盜起。禍生肘腋。江都之駕未回。而長安洛陽。已為他人所據矣。豈非千古之鑒戒哉

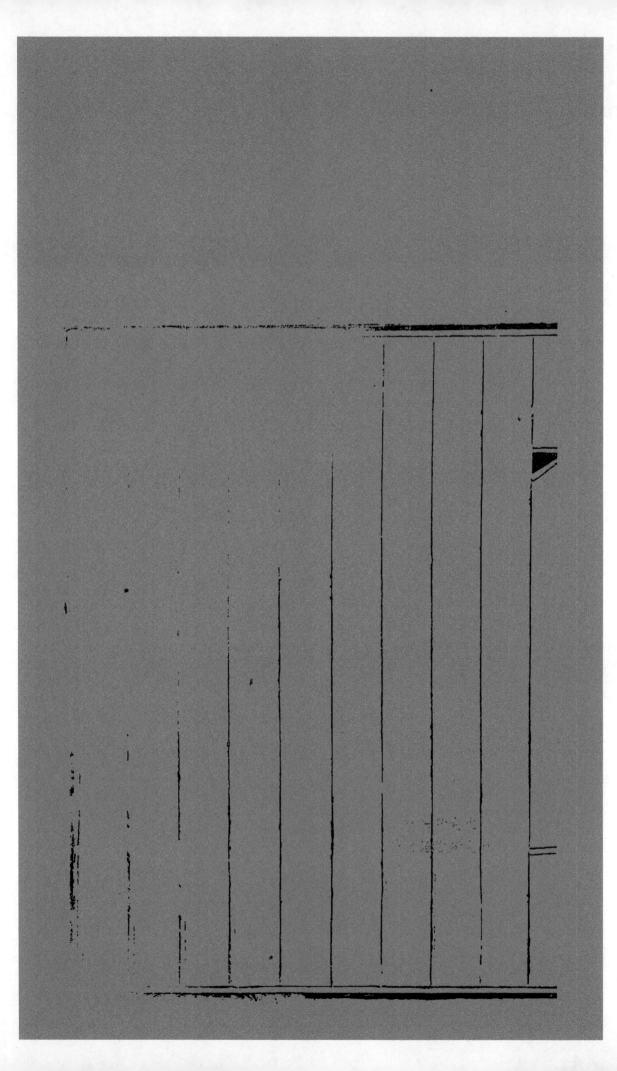

斜封除官
唐中宗
韋后
婕好
安樂公主
長寧公主
郕國夫人
上官婕好

後七十二

唐史。紀中宗委政宮闈。安樂長寧公主。及韋后妹郕國夫人。上官婕好。尚容柴氏。女巫第五英兒皆依勢用事。賣官鬻爵。雖屠沽臧獲。用錢三十萬。則別降墨勅除官。斜封付中書。時人謂之斜封官。上官婕好等。皆有外第。出入無節。朝士咸出其門。交通賄賂。以求進達

【解】唐史上。記中宗在位。沉溺酒色。不恤國事。把朝廷政務。都只委託於皇后韋氏。因此政出多門。朝綱壞亂。韋后的女安樂公主長寧公主與

其妹郕國夫人。及宮人上官婕妤。尚容柴氏。女巫第五英兒這幾箇女寵都在內用事。將國家的官爵擅自出賣。不拘甚麼出身。就是那屠戶賣酒及一應下賤的人。但納得三十萬銅錢裡面就降一道勅書除授他官。斜封着付中書省發行也。不用文憑。也不由吏部。以此當時把這用賄買官的人。都叫做斜封官。官爵至此冒濫極矣。又上官婕妤等數人。外面都置買下私宅有時出到私家來。有時進入宮裡去。出入任意没人敢禁止他。一時朝士都出其門。交通賄賂。以求援引進達。風俗至此敗壞極矣。按史中宗遭武氏之亂。久罹幽辱。備嘗艱阻。一旦復位。正宜總攬乾綱。勵精圖治可也。乃又溺愛衽席。至使威福之柄。盡出宮門。爵賞之典。下逮僕隸。所謂前車既覆。而後車不以為戒者也。未幾中宗遂為韋后所毒。唐祚幾於再傾。嗚呼。可鑒也哉

觀燈市里
普天同慶

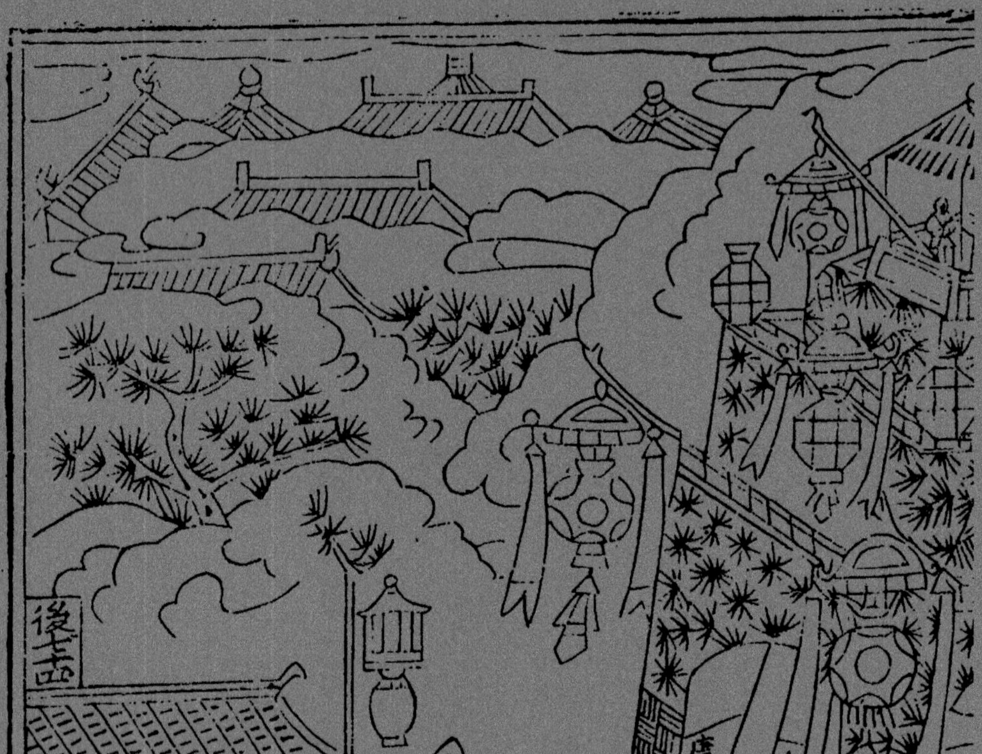
後宫
唐中宗
韋后

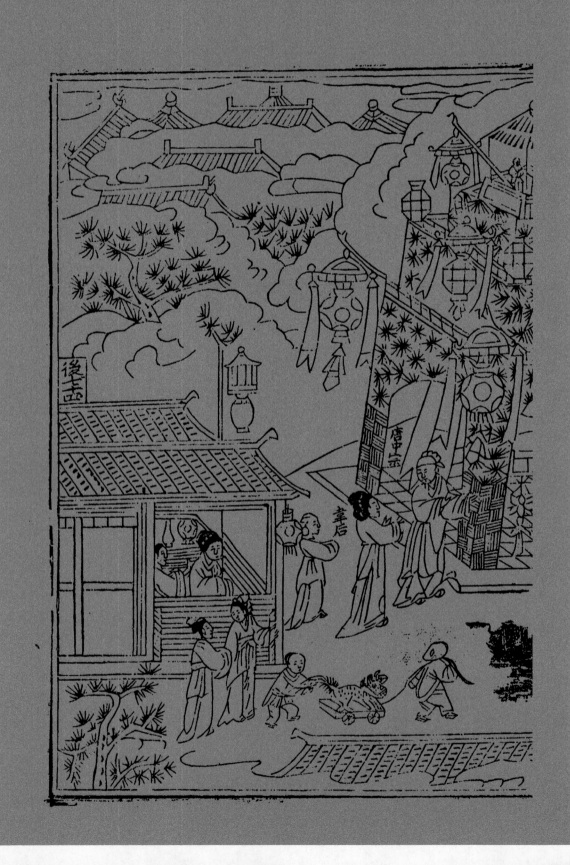

唐史紀中宗春正月。與韋后微行觀燈於市里

解 唐史上。記中宗末年。委政宮闈。任情為樂。嘗于正月元宵夜。與韋皇后私出宮禁。觀燈于街市里巷之間。夫人君以萬乘之尊。居九重之上。當勤政事。戒逸樂。況中宗遭憂患之後。乃不知戒慎。恣情極意。以天子之貴。觀燈市里。混襍于庶民之賤。又且與皇后同行。尤為不可。一則失居尊之體。二則昧防變之智。三則壞宮闈之法。四則倡淫蕩之風。一舉動之間。犯此四大戒。豈

非萬世之永鑒也哉

寵幸番將
安祿山

唐史。紀玄宗以番將范陽節度使安祿山為御史大夫。祿山體肥腹垂過膝。外若癡直。内實狡黠。上常指其腹曰。胡兒腹中何所有。對曰。更無餘物。止有赤心耳。上悅。容其出入禁中。上與楊貴妃同坐。祿山先拜貴妃。上問何故。曰。胡人先母而後父。上益悅之。常宴勤政樓。百官列坐。特為祿山於御座東間設金雞障。置榻使坐其前。仍令捲簾以示榮寵

(解)唐史上。記玄宗寵一箇胡人。叫做安祿山。用

他做范陽節度使。掌着一鎮的兵馬。又加他以御史大夫之職。那安祿山身體肥大。腹垂過膝。看他外面的模樣。恰似箇癡蠢直遂的人。而其心却姦狡慧黠。玄宗嘗指着他的肚子問說。胡兒你肚裏有些甚麼。這等樣大。安祿山對說。臣腹中更無他物。止有一點報國的赤心耳。玄宗聽說甚喜。又容他出入宮禁。一日玄宗與楊貴妃同坐。祿山進見。先拜楊貴妃。後拜玄宗。這是祿山知道玄宗寵幸楊妃。故意趨奉。以悅其心。

及至玄宗問他。何故如此。他却對說。我虜人的風俗。先母後父。固如此耳。玄宗不知其詐。越發喜他。又一日在勤政樓上筵宴羣臣。百官都兩邊侍坐。玄宗令於御座東間。張一副金雞彩障。設一箇座榻。命安祿山特坐於羣臣之上。還令捲起簾子使人看見。以彰其榮寵。按史。祿山曾犯死罪。宰相張九齡謂其貌有反相。勸玄宗早除之。玄宗不惟不聽。反加尊寵。其後祿山果反。致令乘輿播遷。中原版蕩。唐之天下。幾於淪亡。

玄宗始悔之晚矣語曰非我族類其心必異豈
不信哉

歛財傷國
唐玄宗

絞七十九

唐史紀玄宗在位久用度日侈常賦不足以供其費江淮租庸使韋堅戶部郎中王鉷競爲聚歛以悅上意韋堅引滻水爲潭以聚江淮運船上幸望春樓觀之堅以新船數百艘載四方珍貨陝城尉崔成甫着錦半臂缺袴紅袙首居前船唱得寶歌使美婦百人盛飾而和之上喜爲之置宴竟日而罷鉷於歲貢額外進錢帛百億萬另貯於内庫以供宮中賞賜上以國用豐衍故視金帛如糞壤賞賜無極海内騷然

解 唐史記玄宗初年。惜財儉用。及在位日久。荒淫無度費用日侈。年例錢糧。不彀使用。於是江淮租庸使韋堅。戶部郎中王鉷。窺見朝廷上用財緊急。爭去科歛民財。取悅于上。一日各處轉運船隻。都到了京城。韋堅要顯他的才幹。遂引滻水為潭。把江淮一帶的運船。都會集潭內。請玄宗親御望春樓觀看。又把新船數百隻。裝載着四方的珍寶貨物。叫陝城縣一箇縣尉。名崔成甫。身穿着錦半臂。綠衫。頭上裹着紅袹。在前画船上唱得寶歌。使美婦女百十人。濃粧盛飾。齊聲唱而和之。玄宗見了大喜。就在望春樓上擺設筵宴。盡日而罷。王鉷又于年例之外。進獻錢帛至百億萬。另收在內庫裏。專供應宮中賞賜。玄宗不知韋堅。王鉷。原是剝削百姓的骨髓以供上用。只說天下錢財。這等豐富。用之不盡。把金帛看的如糞土一般。賞賜無有紀極。自是民不聊生。而海內騷然變亂矣。夫天地生財。只有此數。在官者多。則在民者寡矣。自古姦臣要迎合上意往往倡為生財之說。其實只是設法巧取民財。橫征暴斂。由是杼柚空虛。閭閻蕭索。以至民窮盜起。瓦解土崩。雖有善者。亦無如之何矣。玄宗初年。焚錦銷金。崇尚儉德。開元之治。庶幾三代。及在位日久。侈念一生。奸邪承之。聚財縱欲。遂成安史之亂。由此觀之。治亂興亡之判。只在一念奢儉之間而已。可不戒哉可不畏哉

便殿擊毬
劉克明

後八十二
唐敬宗

唐史。紀敬宗初即位。即遊戲無度。幸內殿擊毬。奏樂。賞賜左右樂人。不可勝紀。又召募力士。晝夜不離側。好自捕狐狸。視朝月不再三。大臣罕得進見

（解）唐史上。記敬宗初即帝位。那時他先帝梓宮還在殯。通不知哀思。只好遊戲。沒些撙節。常幸各內殿。與宦官劉克明等打毬。又命樂工奏樂鼓吹喧鬨。全無居喪之禮。賞賜那左右近侍及樂工。泛濫不可盡記。又把錢去雇募有力的人。跟隨左右。日夜不離。好自家去捕捉狐狸以為

戲樂。每月視朝還沒有三次。大臣不得進見。政事都荒廢了。其後竟遭弒逆之禍。看史上載敬宗所行。也有幾件好事。本是箇聰明之主。只爲幼年不曾學問。被群小引誘。遂至於此。可悲也哉

寵信伶人
劉夫人
唐莊宗

後八十四

五代史。紀後唐莊宗幼善音律。故伶人多有寵常侍左右。莊宗或時自傅粉墨。與優人共戲於庭。以悅劉夫人。優人常名之曰李天下。諸伶出入宮掖。侮弄縉紳。莊宗信其讒。疎忌宿將。諸將叛之。莊宗為亂兵所弑。伶臣斂廡下樂器。聚其尸而焚之

（解）五代史上。記後唐莊宗自小時。就精通音律因此教坊樂工。多得寵幸。常隨侍左右。那時宮中劉夫人有寵。莊宗有時自家塗抹粉墨粧扮樂工的模樣。與衆樂工共戲於庭前。以悅劉夫

人。使他懽笑。其無恥如此。諸樂工每倚恃莊宗寵愛通不知上下之分。只叫莊宗做李天下。因而出入宮禁。侮弄縉紳士大夫。無些忌憚。又讒譖諸有功大將。莊宗聽信其言。漸漸疎忌諸將。所以群臣憤嫉於內。諸將怨懼於外。共奉李嗣源以叛。莊宗中流矢而殂。侍臣取廊下陳設的樂器。堆在莊宗尸上。舉火焚之。莊宗平生好音樂。寵優伶。及其死也。與樂器俱焚。所謂君以此始。必以此終者也。夫莊宗初年。艱難百戰以取

天下。是何等英武。一旦天下已定志滿氣驕。遂致身弒國亡。貽笑千古。興亡之機。可畏也哉

上清道會
宋徽宗

第八十七回

宋史。紀徽宗幸上清寶籙宮。設千道會。且令士庶入聽林靈素講經。帝為設幄其側。靈素據高座。使人於下再拜請問。然所言無殊絕者。時時襍以滑稽媟語。上下為大鬨笑。無復君臣之禮。又令吏民詣宮。授神霄秘籙。道籙院上章。冊帝為教主道君皇帝

（解）宋史上。記徽宗崇尚道教。曾替道士林靈素盖一座宮。叫做上清寶籙宮。徽宗每臨幸其地。便設大齋醮。但来的。既與齋飯。又與襯施錢三

百。叫做千道會。且令士民都入宮。聽林靈素講道經。徽宗設御幄于其旁。着靈素在正面坐着高座。使人於下再拜請問。靈素所講的。却只尋常。無奇異處。時或雜以詼諧褻狎的言語。上下閧然大笑。無復君臣嚴肅之禮。又令官民人等都到這寶籙宮裏傳授他神霄秘籙。盖假神其術。言受此籙。可獲再生富貴也。道籙院官。因上表章。冊號徽宗做教主道君皇帝。夫徽宗為億兆之君師。乃棄正從邪。屈體于異流。猥褻于凡

庶。甚至親受道籙。甘為矯誣。自昔人主溺于道教。至此極矣。卒有北狩之禍。身死五國城。彼所謂三清天尊者。何不一救之歟

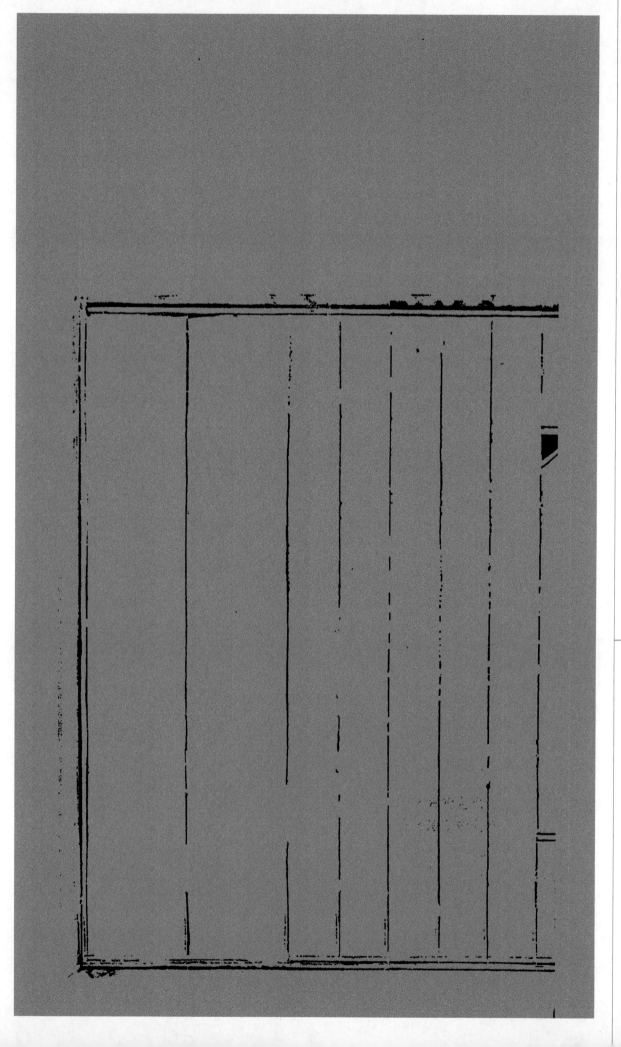

應奉花石

後九十
朱冲
朱勔

宋史。紀徽宗性好花石。朱冲密取浙中珍異以進。帝嘉之。歲歲增盛。舳艫相銜於淮汴。號花石綱。又置應奉局于蘇州。命冲子勔總其事。於是搜巖剔藪。幽隱不遺。凡士庶之家。一石一木稍堪翫者。即領健卒入其家。用黃帊覆之。指爲御物。及發行。必撤屋抉墻以出。斸山輦石。程督慘刻。雖在江湖不測之淵。百計取之。必得乃止。民預是役者。多破產。或賣子女以供其須

解 宋史上。記徽宗性喜花石。蘇州有箇人叫做

朱冲。聞知朝廷要花石。就密求浙江地方奇異
的花石進獻。徽宗喜他。因此年年加添。所貢漸
盛淮汴二河中。都是載運花石的船隻。絡繹不
絕首尾相接呼做花石綱。又置箇應奉局在蘇
州。命朱冲的兒子朱勔總領其事。朱勔既奉朝
命。專以購求花石為事。巖穴藪澤之中。遍去搜
索一遍雖幽深隱僻去處。也無不到。凡士庶人
家裡有一塊石。一柯樹。稍稍可翫的。朱勔就領
健卒數十人。直入其家用黃帕子遮蓋了。就指

說些是朝廷御用之物。着他看守。及發行時。必撤開房屋。抉破墻壁以出。如山上有奇石。就令人鑿山以取之。用車搬運。催督工程。極其慘刻。雖生於江湖不測之淵。他也千方百計以取之。務要得了纔止。百姓每為這差使重累。多破蕩家產。又有鬻賣子女以供其費者。夫花石之翫。何益於事。而徽宗乃好之不已。至於上耗國用。下竭民力。曾不知恤。遂使邦本動搖。强虜内犯。身死沙漠。家族播遷。豈不愚哉

任用六賊
宋徽宗
朱勔
王黼
童貫
李彥
梁師成
蔡京

後九十三

宋史。紀徽宗在位。承平日久。帑庾盈溢。蔡京為相。始倡為豐亨豫大之說。勸上以太平為娛。上嘗大宴。出玉琖玉卮以示輔臣曰。此器似太華。京曰。陛下當享天下之奉。區區玉器。何足計哉。上曰。先帝作一小臺。言者甚衆。京曰。事茍當理。人言不足畏也。由是上心日侈。諫者俱不聽。京又求羨財以助供費。廣宮室以備遊幸。興延福宮。景龍江。艮嶽等工役。海內騷然思亂。而京寵愈固權震海內。是時梁師成。李彥。以聚歛幸。朱勔以花石幸。王黼。童貫。

以開邊幸。而京為之首。天下號為六賊。終致靖康之禍

解 宋史上。記徽宗時承祖宗累世太平。倉庫錢糧充盈滿溢。那時奸臣蔡京為相。只要保位固寵。乃倡為豐亨豫大之說。勸徽宗趂此太平。懽娛作樂。一日徽宗大宴羣臣。將所用的玉琖玉卮。示輔臣說此器似太華美。蔡京奏說。陛下貴為天子。當享天下的供奉。區區玉器。何足計較。徽宗又說。先帝嘗造一座小臺。言官諫者甚衆。

蔡京又奏說。凡事只管自已該做的便是。人言何足畏乎。徽宗因此志意日侈。不聽人言。蔡京又另外設法搜求羨餘錢糧。以助供應。廣造宮室。以備徽宗遊觀。起延福宮。鑿景龍江。築艮嶽假山。皆窮極壯麗。所費以億萬計。天下百姓。困苦無聊。紛紛思亂。而徽宗不知。恣意遊樂。寵任蔡京之心愈固。於是京之威權。震于海內矣。那時又有梁師成李彥。因聚斂貨財得寵。朱勔。因訪求花石得寵。王黼。童貫。因與金人夾攻遼人。

開拓邊境得寵。這些不好的事。都是蔡京引誘開端。所以天下叫這六箇人做六賊。而蔡京實六賊之首。因此海內窮苦。百姓離心。到靖康年間金人入寇京師不守。徽宗父子舉家被虜北去。實寵任六賊之所致也。自古奸臣要蔽主擅權。必先導其君以逸豫遊樂之事。使其心志蠱惑聰明壅蔽。然後可以盜竊威福。遂己之私。觀徽宗以玉器為華。是猶有戒奢畏諫之意。一聞蔡京之言。遂恣欲窮侈。釀禍基亂。嗟乎。此孔子所謂一言而喪邦者歟。大抵勉其君恭儉納諫者。必忠臣也。言雖逆耳、而實利於行。導其君侈靡自是者。必奸臣也。言雖順意。而其害無窮。人主能察於此、則太平可以長保矣

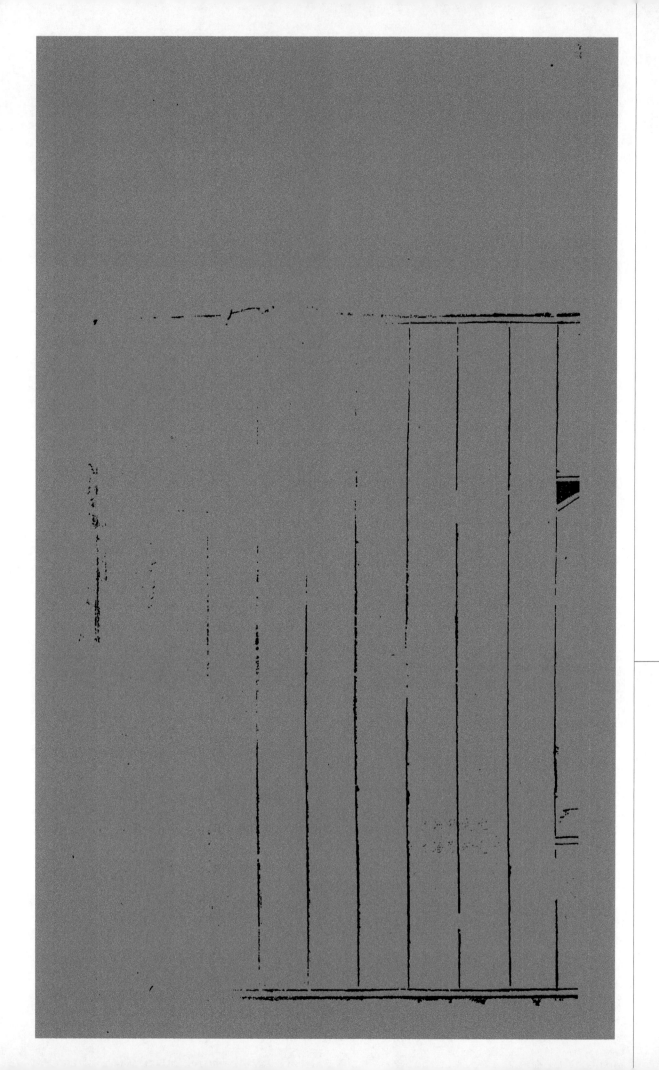

右惡可為戒者三十六事自古人君覆亡之轍大略不出乎此矣諺曰前人躓後人戒然世主皆相尋而不改彼下愚不移固無足怪至如晉武唐玄莊宗之流皆英明雄武又親見前代敗亡之禍或間關險阻百戰以取天下及其志得意盈迷心酖毒遂至一敗塗地不可收拾其視中材守成之主反不逮焉書曰惟聖罔念作狂成敗得失之機可畏也哉

臣等嘗伏讀我

太祖高皇帝實錄與侍臣論及古今女寵宦寺外
戚權臣藩鎮夷狄之禍。侍臣曰。自古叔季之
君至於失天下者常在於此。
高皇帝曰。朕究觀往古。深用爲戒。然制之有道。若
不惑於聲色。嚴宮闈之禁。貴賤有體。恩不掩
義。則女寵之禍。何自而生。厚其恩賚。不任以
事。苟干政典。裁以至公。則外戚之禍。何由而
作。宦寺便習。供給使令。不假以兵柄。則無宦
寺之禍。不設丞相。六卿分治。使上下相維。大

小相制。防耳目之壅蔽。謹威福之下移。則無
權臣之患。藩鎮之設。本以衛民。使財歸有司
兵必合符而調。豈有跋扈之憂。修武備。謹邊
防。來則禦之。去不窮追。則無夷狄之虞。淵哉
睿謨。誠萬世
聖子神孫所當遵守而弗失者也。至於端本澄源
正心修身。以銷釁孽於未萌。杜間隙於無迹
者。則又備在
寶訓。及

御製諸書。伏惟
聖明留意焉。臣等不勝幸願

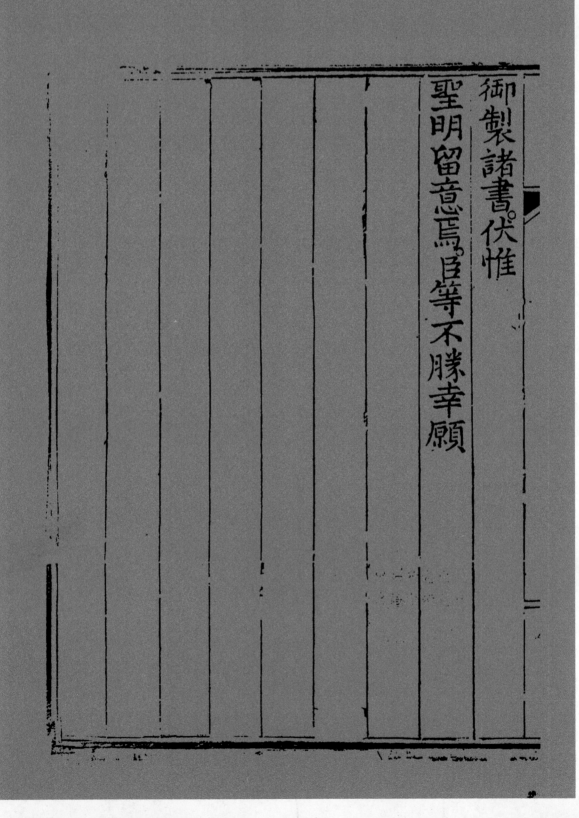